你是否感覺有很多事還沒完成？很多密碼的記不住？曾忽然忘記目的是什麼？

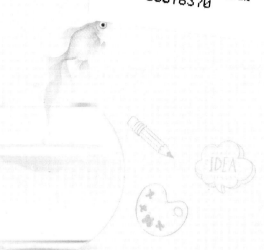

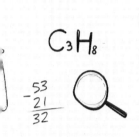

告別金魚腦

頓悟法、觀察法、聯想法、習慣法……
一本書為你量身打造超高效記憶術

何益和，金嬌 ── 著

別再說自己天生記性差，今天開始，擺脫金魚腦！
一本書讓你掌握快速記憶的祕密

崧燁文化

目錄

目錄

第三章　全面掌握輕鬆記憶的最佳方法

目錄

第一章
為自己創造快速記憶的好條件

第一章　為自己創造快速記憶的好條件

聆聽利於記憶的音樂

　　你也有同感吧，音樂具有令人驚詫的神奇作用。當你學習之餘，打開收音機或答錄機時，那美妙的輕音樂可以使你心曠神怡；當你參加隆重的儀式，奏起莊嚴的國歌、軍歌時，會感到熱血沸騰，充滿了自豪；當你在苦悶、徘徊的時候，哼幾段抒情歌曲會幫助你驅散憂愁。

　　最近，加拿大一項最新的研究顯示，學音樂的孩子比不學音樂的孩子有更好的記憶力。在《腦》季刊上曾顯示過這項研究，經過一年音樂訓練的孩子在記憶測驗中的表現比沒有學音樂的孩子要好。

　　為了證明這一結論，研究者在一年中對兩組四至六歲的孩子進行了四次測試。其中一組學習音樂，另一組則不接受音樂訓練。測試內容有區別和聲、節奏和旋律的音樂測試及聽完一列數字後複述等記憶測試。結果發現，孩子的記憶力在短短四個月後就有了變化。

　　在資料的研究方面，外國一向很謹慎，相信這項研究真的是可以得出合理的結論，研究者表示，雖然此前已有研究顯示，年齡稍大的孩子接受音樂訓練後比上戲劇課的孩子在智商上有更大提高，但他們的研究首次確定音樂訓練對更年幼的孩子也有類似效果。

　　勞雷爾‧特雷納是加拿大安大略省一所大學的心理學、神經系統科學和行為學的教授，他曾以權威人士的身分說：「研究顯示，如果你學習音樂的話，你的大腦運轉與沒有學習的人是不同的。研究首次顯示，接受音樂訓練的孩子與未接受音樂訓練的孩子在一年內大腦反應就會產生差異。」

　　可見，音樂與大腦的記憶關係相當密切，主要表現在以下兩個方面：

第一，陶冶情操

　　音樂的作用是從感情上去陶冶人，高尚的情操是引起人們積極情緒的基礎，而積極的情緒是有利於記憶的。

　　世界上許多著名的人物都是音樂愛好者，音樂對他們的陶冶作用是不能低估的，著名科學家愛因斯坦對音樂有著特殊的感情，他常把拉小提琴當作做好的消遣。

第二，調節情緒

　　因為音樂的旋律、節奏、音調、音色各不相同，所以能達到調節情緒的作用。在心情不好，情緒低落的時候，如果能聽一段輕音樂，陶醉在優美的旋律中，你就會忘記所有的苦悶和煩惱，解除各種不良情緒的影響。

　　根據美國科學家實驗證明，莫札特的音樂能提高人的學習和記憶能力，這種現象被稱為「莫札特效應」。

所以，在學習疲勞的時候，在精神緊張的時候，在情緒低落的時候，你都可以選擇一種喜歡的音樂，只要它能讓你放鬆，調動你積極向上的情緒，就可以幫助你更好的學習和記憶。

學習時如果聽一些古典音樂，可以幫助你精神集中，使你比較容易記住所讀的內容。

古典音樂沒有歌詞，聽的時候無法跟著唱，也不會在聽到時，使你的心情劇烈起伏的危險。因為若是聽到感傷的流行歌曲，就受到影響，甚至傷心的哭個不停，也沒有心情學習，那才是最糟糕的事。

青少年時期是心情最容易起伏的階段，若能聽些穩定情緒的音樂，會讓精神平和，延長學習的時間，提高學習的效率。

【記憶小常識】

音樂是如何對大腦的記憶發生作用的？

科學家們發現，人的聽覺器官中的每一根神經只能接收一種頻率的音響，音樂使一定頻率的聲波振動，它被人體接收後，與人體內各個振動系統相吻合，於是產生共振，使各器官節奏協調一致。在共振的狀態下，音樂能激發人體的內在潛能，使身體的某些部分由穩定的靜態變為活潑的動態。

而那些輕音樂、優美舒緩的古典樂曲，都可以豐富陶冶情操，調節情緒，並為右腦所反映。只要練習將注意力集中在書本上，輕柔的樂曲回不知覺刺激右腦，使兩腦均衡活

動，使視覺、聽覺記憶都得到鍛鍊，增強記憶的敏捷性、持久性和準確性。

【快樂小叮嚀】

推薦你以下有助於記憶的音樂：

1. 韓德爾的《水上音樂》
2. 韋瓦第的《四季》
3. 帕海貝爾的《D大調卡農》

及時為大腦補充營養

在生活中，合理的、健康的飲食能有效的改善我們的記憶力。

有報導說，日本有個當代「天才青年」，他上小學的時候就以一天一本的速度讀成年人的書，甚至能熟練掌握三十四卷本的《世紀大百科詞典》，而且他還能經常把內容顛倒過來讀。上中學後，他只讀那些專家才能讀懂的專業書，而且記得很牢。

國中一年級時，這個青年就能正確解答升大學的地理試題，從此，他以「天才的歷史學者」和「天才的地理學者」的美名譽滿日本。

原來，他自幼就食用含有大量維生素C的麥綠素（把麥子的嫩葉碾成粉末狀）等食物，從未間斷過。此外，他還一直食

11

用能提高智商的含鈣製劑以及其他種類的健腦食品。

可見，好的健腦食品對我們的大腦記憶有極大的促進作用。那麼，我們可以選擇的能夠增強記憶力的食物有哪些呢？

1. 雞蛋

雞蛋營養很豐富，人體吸收率為 99.7％。雞蛋中所含的組胺基酸、卵磷脂和腦磷脂，對大腦和神經系統的發育非常重要。記憶力衰退的人每天吃一至兩顆雞蛋，可有效改善記憶（不適宜膽固醇高的人）。青少年從小適當吃雞蛋，有益發展記憶力。

2. 牛奶

牛奶富含蛋白質、鈣及大腦必須的維生素 B1、胺基酸。牛奶中的鈣最易吸收。用腦過度或失眠時，一杯熱牛奶有助於入睡。

3. 動物肝腎

動物肝、腎臟富含鐵質。鐵質是紅血球的重要組成成分。經常吃些動物肝、腎臟，體內鐵質充分，紅細胞可為大腦運送充足的氧氣，就能有效的提高大腦的工作效率。

4. 魚肉

魚肉不但鮮美可口，而且鈣、蛋白質和維生素 B2 的含量高，魚肉中所含的脂肪是不飽和脂肪酸，它容易被人體所吸收，又能刺激大腦細胞的活躍性。

5. 花生

花生富含卵磷脂，常食能改善血液循環，抑制血小板凝集，防止腦血栓形成，可延緩腦功能衰退、增強記憶、延緩衰老，是名副其實的「長生果」。

6. 胡蘿蔔

胡蘿蔔含有大量以維生素 A 為主的多種維生素、礦物質和鈣質等，營養豐富，被人稱為「小人參」，是健腦的佳品。

7. 菠菜

含豐富的維生素 A、C、B1 和 B2，是腦細胞代謝的最佳供給者之一。它還含有大量葉綠素，也具有健腦益智作用。

8. 金針菜

黃花菜富含蛋白質、脂肪、鈣、鐵、維生素 B1，這些都是大腦代謝所需要的物質，因此，它被人們稱為「健腦菜」。但是，黃花菜不宜生吃或單炒，以免中毒，以乾品和煮熟吃為好。

9. 大豆

含有蛋黃素和豐富的蛋白質，每天食用適量的大豆或豆製品，可增強記憶力。

10. 藻類

含有豐富的葉綠素、維生素、礦物質、蛋白質，可以改善記憶力和注意力。

11. 木耳

含有蛋白質、脂肪、多醣類、礦物質、維生素等多種營養成分，為補腦佳品。

12. 葡萄汁

葡萄汁中的抗氧化物質含量高過其他任何水果和蔬菜，並且可以提高神經系統的傳輸能力。除了益壽延年，葡萄汁還可以在短期內提高記憶力。

13. 野生藍莓果

野生藍莓果富含抗氧化物質，可以清除體內雜質。在小白鼠身上進行的試驗結果表明，長期攝取藍莓果能加快大腦海馬部神經元細胞的生長分化，提高記憶力，防止隨著年齡增長導致的平衡和協調能力的減弱，還能減少高血壓和中風的發

生概率。

14. 橘類

橘類含有大量的維生素 A、B1、C，屬於鹼性食物，可消除酸性食物對神經系統造成的危害，對健腦益智大有幫助。考試期間適量吃些橘子，能使人精力充沛。

15. 香蕉

香蕉能預防神經疲勞，香蕉中含有大量的鉀，它對維持人體細胞功能和酸鹼平衡以及改進心肌功能大有好處。

16. 杏子

含有豐富的維生素 A、C，可有效的改善血液循環，保證腦供血充足，有利於大腦增強記憶。

17. 小米

所含維生素 B1 和 B2：高於大米一倍至一點五倍。臨床觀察發現，吃小米有益於腦的保健，可防止衰老。

18. 玉米

玉米胚中富含多種不飽和脂肪酸，有保護腦血管和降血脂作用。麩胺酸含量較高，能促進腦細胞代謝，具有健腦作用。

以上這些增強記憶的食物，你可都要記住啊！

【記憶小常識】

警惕那些讓我們記憶力減退的食品

專家指出，如果食物中含有鉛、鋁等，就可能導致記憶力減退、智力下降、思維遲鈍。這類食物包括爆米花、皮蛋、油條、粉絲、涼粉、油餅等。還有的食品為提高口味、延長保存時間，添加了防腐劑、色素、調味劑等，也會對大腦產生危害，如罐頭食品、含咖啡因的飲料、口香糖、含人工色素的糕點等，經常食用會使人出現煩躁不安、注意力不集中、記憶力下降、反應遲鈍等問題。

【快樂小叮嚀】

中醫認為，黃瓜汁不僅利尿，而且還能增強我們的記憶力。那麼，我們不妨自己動手做黃瓜汁。

黃瓜汁最簡單的做法就是將新鮮黃瓜洗淨榨汁，不過天天這樣喝未免有些單調啦。那麼怎麼做才能使黃瓜汁更好喝呢？下面給大家推薦兩種黃瓜汁的做法，大家不妨一試。

- 鳳梨黃瓜汁：黃瓜30克，鳳梨汁30毫升，鮮牛奶45毫升，檸檬汁15毫升，柳橙汁15毫升，蜂蜜10克，冰塊120克。將黃瓜洗淨，切塊，用果汁機攪拌濾出汁後倒入杯中。依次將鳳梨汁、鮮牛奶、檸檬汁、柳橙汁、蜂蜜放入不鏽鋼調酒壺中，加冰塊，充分搖勻後倒入黃瓜汁杯中。

黃瓜洗淨，帶皮倒入果汁機中攪拌，顏色更佳。喝起來清涼可口，酸甜適中。

· 番茄黃瓜汁：番茄 400 克，黃瓜 150 克，洋蔥（白皮）200克，西洋芹 100 克。番茄洗淨，去蒂，切成小塊；小黃瓜洗淨，和洋蔥一同切成小塊；西洋芹洗淨，切成小段；將番茄、小黃瓜、洋蔥、西洋芹分別放入榨汁機中榨液；將榨汁機中的蔬菜汁倒入杯中，加入冷開水調勻即可。

穴位按摩可以增進腦力

記憶需要注意力高度集中，特別耗費腦力。有時經過長時間的記憶之後，會感到頭痛，但由客觀原因，又被迫繼續記憶下去，這令我們難以應付。

我們就可以利用按摩對穴位的刺激，來解除頭腦的疲勞，使大腦的緊張得到緩解，功能重新活躍起來，對增進腦力特別有效。學會了這種解除大腦疲倦的簡便方法，就等於掌握了一種增進記憶力的利器。

那麼，我們按摩哪些穴位可以迅速解除大腦的勞累、增進腦力呢？

從頭後部的髮際到脖子處有個叫「頸窩」的經絡處。在它的兩側有粗筋，在粗筋的外側，位於髮際處有個穴位 ——「天柱穴」，其上方是「風池穴」。按壓這兩個穴位可使頭腦清醒，

增進功能，而且對治頭痛也有效果。

按摩方法如下所述：

把兩隻手指頭的捏合在一起，把手掌放在後腦部，用拇指按壓穴位。

要注意的是，這種按壓不是用指尖，而是用手指肚柔和的用勁按壓，而且一緊一鬆，要有節奏感，這是按摩的要訣。

同時把下額抬起來，把頭往後仰。按壓五秒鐘左右，突然放鬆指力。如此反覆五至十次，頭部的疲倦就會很快解除。

另外在頭頂處，即從鼻梁往頭上延伸的線；和兩耳往上延伸的線相交處，有個叫「百會」的穴位，雙手護頭，用中指柔和的按壓，有抑制頭昏眼花的效果。

其實，人們最熟悉、最常用的按摩穴位就是「太陽穴」。記憶在進行相當長的時間後，很多人感到「太陽穴」兩側脹痛。這時，按壓「太陽穴」便成為最有效的方法。

具體的按壓方法是，運用雙手拇指的指肚壓住「太陽穴」，然後稍微用力揉搓，每隔五至八次換一回方向。如果你坐在椅子上，頭靠椅背，面朝上，在按壓的同時閉目養神，大腦會很快恢復清醒。

這種按摩穴位的方法，在長時間的記憶活動中，顯得尤其必要。增強腦力的同時，也增強了你的記憶力，而這不正是你所需要的嗎？

【記憶小常識】

穴位按摩可以增進腦力

傳統中醫認為，人體內有一條經脈，供給各器官能量，這條經脈稱為「經絡」。身體狀況欠佳時，是因為這條經脈起了變化，其症狀像是感到僵硬或疼痛。在這條經脈當中，有特別變化顯著的部分，就是穴位，也稱為「經穴」。

身體某個器官的機能下降或惡化時，對發生變化的穴位施以刺激，這種治療法，就是按摩與針灸。這是自古以來就有的療法，人們從多年的實踐中建立了經絡、經穴體系。

【快樂小叮嚀】

按摩的時候，請你記住以下四個注意事項：

1. 身心放鬆：按摩時除思想應集中外，尤其要心平氣和，全身也不要緊張，要求做到身心都放鬆。
2. 取穴準確：掌握常用穴位的取穴方法和操作手法，以求取穴準確，手法正確。
3. 用力恰當：因為力量過小達不到應有的刺激作用，過大易產生疲勞，且易損傷皮膚。
4. 循序漸進：推拿手法的次數要由少到多，推拿力量由輕逐漸加重，推拿穴位可逐漸增加。

鬆弛有度，好的記憶自然產生

很多同學都有這樣的經歷：每次上完英文課之後，老師總會指定一兩段課文要求背誦。但往往是到了下堂課的前一天晚上，很多人才會把課本拿出來背誦。

當然，這對我們來說只是一個熟悉過程，真正的背誦是從下一節課的課前十多分鐘開始的。這時候他們大腦處於高度集中狀態，因為怕被老師點名背誦。而這十多分鐘的效果，通常比前一天夜晚背一個小時還要強。

原因很簡單，因為時間緊迫，大腦高度集中，轉得飛快，記得自然也快。

當然也有這樣一些情況：在每年的考場上，總有不少平時的「資優生」敗下陣來。那些他們平時記得滾瓜爛熟的東西，到了真正要用的時候，卻突然消失得無影無蹤，怎麼也回想不回來，這又是什麼原因呢？

原因也很簡單，太緊張了，造成了記憶的暫時「短路」！

這兩種情況都是由大腦的緊張狀況引起的。不過，一個發揮的是積極作用，而另一個發揮的是消極作用。

大腦處在緊張狀態時，神經繃得很緊，注意力高度集中，肌肉緊張；反過來，這狀況又促使精神緊張。它們之間存在這樣一種相互關係，這種狀態是記憶活動所不可缺少的。

　　肌肉的緊張是集中精神所必要的，然而如果這種狀態持續很久，就會對精神產生壓力，反而會出現種種障礙。

　　如果你在學習時，身子坐得很正、挺得很直，不一會兒，你就會感到腰痠背痛，而如果你換個舒服的姿勢，這種肌肉上的緊張感就會消失，你也就可以更集中精力學習，而不必隨時分心於腰痠背痛。

　　美國一項研究發現，人處於放鬆狀態時，與記憶相關的神經元和特定腦電波密切「配合」，同步「運轉」時，有助提高記憶力。

　　為了證明這一項研究，研究人員選擇 8 名志願者為研究對象，向他們展示一百張照片，每張照片在研究對象眼前停留一秒。十五至三十分鐘後，研究人員再次展示一百張照片，其中五十張為已展示的老照片，五十張為新照片，要求研究對象指出見過的照片，並說出對答案的確定程度。

　　與此同時，研究人員用腦電圖記錄下研究對象神經元細胞活動情況和與記憶形成密切相關的 θ 腦電波訊號。

　　結果顯示，當神經元與 θ 腦電波密切「配合」同步「運轉」時，研究對象的認知能力更強。

　　因此，要長時間的集中精神時，就必須注意解除肌肉與大腦的疲勞和緊張，否則，就會降低記憶效果。

　　我們的記憶是由於短時間內大腦處於緊張狀態，因此對外

第一章　為自己創造快速記憶的好條件

來資訊接收得快；而那些落榜生卻是因為考試的巨大壓力使他們精神緊張，由於心理問題，他們又放不下包袱，因此身心疲倦。精神緊張的人對壓力特別敏感，一旦走進考場，神經會繃得更緊，注意力只集中到了恐懼身上，而無法去回憶、提取學過的東西，這便是所謂的「短暫失憶」。走出考場，壓力解除了，對知識的回憶又都一下子復甦起來，但不是已經太晚了嗎？

「文武之道，一張一弛」，記憶也同樣如此，緊張是必要，鬆弛也不可少。

【記憶小常識】

員警繫上帽帶工作是為了防止事故發生

長時間的記憶活動，會使大腦處於緊張狀態，但也會使大腦疲倦，記憶力遲鈍。古人的「頭懸梁、錐刺股」，就是為了打破這種遲鈍，而使頭腦重新保持緊張。有時看到員警、守衛和鐵路職員繫上帽帶工作，這不僅是為了防備帽子被風吹走，另一個重要原因就是為了時常刺激下額附近的皮膚，使頸部的肌肉感到緊張，以集中精神，防止事故發生。考前的強化訓練，運動時纏手巾、頭巾，也可以說同樣是為了保持精神的緊張狀態，以防鬆懈。

【快樂小叮嚀】

考場上，會做的題目一時想不起來怎麼辦？

考生在考試時，有時會出現某些知識想不起來的現象。這時考生因為急需解決問題而希望盡快回憶起來，往往就會心裡著急，緊張的在記憶中胡亂搜索，企圖「碰上」想要找到的東西。但是這種無秩序搜索的成功率通常都很低，並且隨著時間的延長更加深了自己的緊張感。

此時，正確的策略應該是善於運用聯想，你可聯想老師講這段知識的具體情景，也可聯想與之相關的知識，以尋找回憶的線索。如你忘了哺乳動物有什麼特點，那麼你就可以透過回憶鳥類的特點來與之對比回憶。

改善身心，增強記憶

前面已經說過記憶中放鬆的必要性，但我們仍然需要掌握幾種行之有效的放鬆方法，這樣，可以在疲倦的時候，及時應用這些方法，使身心得到改善，心情得到鬆弛，使大腦恢復敏捷的活力。

其一，採取輕鬆的姿勢躺下，接著全身用力使肌肉緊張。緊閉雙眼、咬緊牙關、縮回下巴、握住拳頭、收回腹部、把腳挺直、腳踝回鉤。這樣把全身的肌肉盡可能繃緊，持續十秒鐘之後，再全身放鬆十秒鐘。這麼一張一弛幾次，熟練之後，不

管站著坐著都能夠練習。

在學習的間隙這樣做，會收到很好的效果。特別是記憶這樣需要長時間集中精神，這樣做尤其重要。

其二，美國的凱斯·門羅在《只需六秒鐘的健康法》一書中說道：

「在一天當中，誰都隨時可有六秒鐘的寬鬆空檔，做做收縮腹部、收攏下額、扭扭身子、打呵欠這一系列運動，你在工作時便可這樣做，在走動時也可以順便做。總之，要把這當作日課。」

這種方法不管你是站著、坐著，學習時、工作時、與人說話時，都可以自然而然的完成。

另外，美國的斯塔因豪斯博士建議我們用下述方法調整肌肉的情況，以保持鬆弛的心情。這方法是在入浴後用手巾一面擦身體、一面這樣做：

把手巾從脖子後頭伸過去，然後收縮下額，用雙手把毛巾的兩端往前扯，接著把脖子往後仰約六秒鐘。做一次之後，把毛巾跨到腰間照做一次。再把毛巾放在右腳掌下面，兩端往上拉，腳往下方踩。左腳也照做一遍。

調整呼吸，也不失為一種改善身心帶來鬆弛的好方法，而且自古以來就被作為宗教的修練方法，廣被使用。

它有種種技巧，其中有要下很多功夫才能掌握的，但也有

很簡單易做的方法，這就是深呼吸。只要慢慢的呼吸就可以了。

先閉上眼睛，把心情平靜下來之後，深深吸氣。吸時要慢，急了不行。

在吸入最大量的空氣之後，可以屏住一會兒呼吸，然後緩緩的吐出。這樣反覆做幾次深呼吸，可以供給心臟足夠的氧氣，使大腦恢復活力。身心也在這一呼一吸之中得到鬆弛。

深呼吸的關鍵之處是在吸氣之後屏住呼吸一會兒。另一關鍵之處是吐氣要緩慢，至少要比吸氣的速度慢。

這樣做深呼吸好像很簡單，但是，在現今這樣繁忙的時代，也很難找到單獨的時間去做。儘管如此，哪怕是閉上眼睛的一瞬間，也要努力爭取。早晨起床後、在上班的電車裡、午休的時間、就寢前等等，只要想做，還是有很多的時間可做。

【記憶小常識】

空氣清新有助記憶

有時，人們為了清靜，把門窗都關緊，但記憶時常常發呆。這是由於房內空氣不夠新鮮，缺少氧氣，大腦的活動遲鈍了的緣故。這時候打開門窗，做做深呼吸是絕對必要也十分有效的。給腦子輸氧之後，頭腦就會清醒，記憶力就會增強。

第一章　為自己創造快速記憶的好條件

養吊蘭淨化空氣

吊蘭細長、優美的枝葉可以有效的吸收窗簾甚至衛生綿紙釋放出的甲醛，並充分淨化空氣。同時，吊蘭自然下垂的枝葉非常美觀，枝繁葉茂時，它還會偶爾微微轉動，而且照顧它一點也不複雜。

在娛樂中學習知識

當前，市面上出現了「拼音撲克」，這是一種寓知識於娛樂中的新型智力娛樂品。其具體的玩法很多，你可以根據每副撲克牌中都附有的一張詳細介紹，選擇你最喜歡、最有效的玩法。

這種遊戲符合青少年的心理特徵，能激發他們積極學習，而且樂此不疲。原因是，這種方法由於克服了單純強記的枯燥，使記憶變得有趣，因此也易於接受。在應用過程中，人們紛紛反應效果不錯，邊玩邊學就把它給記住了。

在記憶英語單字方面，也有許多有趣而且有效的遊戲方法。

人們常玩的一個遊戲是「接力賽」：

比如：指定某一方面的內容，說出有關這方面的英語單字。具體做法是，將人排成一定順序，每人說出一個單字，然後不斷循環下去。

　　如果說的是「動物」，那麼一個人可以以「dog」為開頭，第二人可接著說「pig」，第三人可以接「bear」（熊）；然後又回到第一人，他可以接著說「bird」，第二人和第三人繼續。依此類推，直到有一個人在規定的十秒鐘之內想不出一個關於動物的單字為止。當然，為了使遊戲持續時間更長、更富有樂趣，動物之後可以說植物，動植物都說完了也不妨創造短語，表達未學過的動植物名稱。

　　只要你隨時動點腦筋，創造出一些小玩意的遊戲，總會在記憶時從「記之者」變為「好之者」，又從「好之者」變為「樂之者」，在充滿趣味的娛樂中達到記憶的目的。

【記憶小常識】

　　枯燥的記憶本身雖無樂趣可言，但是，我們可以透過一些小小的創造性活動，寓知識於娛樂中進行記憶，既富有情趣，又會增加記憶的媒介，使記憶內容更容易進入大腦。

　　人的記憶力的提高和記憶方法的學習都是在實踐活動中獲得的，因此創造和設立培養人的記憶力的條件和環境是非常重要的。

【快樂小叮嚀】

　　我們創編的這個遊戲很適合發展你的形象記憶能力，大家不妨一試。

- 創編遊戲：花樣拍毽
- 遊戲來源：踢毽子。
- 遊戲目的：鍛鍊大腦的記憶力，練習關節靈活。
- 遊戲準備：在操場上畫幾個小圓圈，每人準備一個毽子和一把球拍。
- 遊戲方法：按規定的方法進行拍毽，有單一的向上拍、雙人對拍、繞過膝蓋拍、轉圈拍……必須將動作做準確，而且在規定的時間內完成。
- 遊戲規則：若毽子掉地，則自動離開場地。
- 遊戲價值：發展記憶思維，鍛鍊關節的靈活性。

　　顯然，名為「花樣拍毽」的遊戲直觀性很強，許多動作都是以人的身體的各種活動形式表現出來的。因此，有利於發展我們的形象記憶能力，對時間知覺、空間知覺、運動知覺的記憶能力都得到更好的鍛鍊。

學會「自我催眠」

　　在你學習甚感疲倦的時候，小憩一會兒甚至小睡一下，都會使人精神一振，疲勞緩解了很多。

　　這就是由於經過特別緊張的勞累之後，小睡片刻能使大腦進入一種無任何壓力和雜念的休息狀態，得到極大的放鬆，注意力自然很快集中。

這個道理運用於記憶之上，就是以「自我催眠法」來求得鬆弛和集中注意力。如能熟練運用這種方法，無論是在學習、工作、社交中都可廣泛應用。

「自我催眠」的中心目的，就是求得身心的鬆弛和注意力的集中。剛開始時，或許很難做到這一點，但只要有耐心，不焦躁，堅持每天練習，就能夠學會。

「自我催眠」有一定的順序和竅門，下面的解說供你練習前學習領會：

第一步：坐在椅子上

坐在椅子上，閉上眼睛，稍稍讓心情平靜下來。雙腿自然前伸，以感到輕鬆舒適為準。背稍微離開椅背。接著手心向上，將手平攤在膝蓋上；然後再把手翻過來，手心朝下放在膝蓋上。

第二步：做深呼吸

照前一節中介紹的深呼吸的方法進行。每當吐氣時心裡數「一、二、三、四……」，數至十再回過頭來重數，共做五次。這樣就會放鬆，注意力自然會集中在數字上。如果不能很快集中注意力，也不必勉強。數完之後，恢復普通呼吸。

第三步：手撐膝蓋，垂首遐思

這時，應在頭腦中暗示自己：「手臂肌肉放鬆下來。」反覆幾次。

不違背自己的暗示，以輕鬆的心情按自己說的，使兩手配合呼吸的節奏，輕輕的翻轉，與此同時，把頭垂下來，身體稍向前傾。

手完全反過來撐住膝蓋，頭下垂，身體前傾，就會覺得全身輕鬆，十分舒暢。

第四步：輕輕搖晃身體

這時在心裡面反覆暗示：「身體向左右搖擺，身體向左右搖擺。」

這樣一來身體自然就會動。這時，也和前邊一樣不違背暗示，按自己說的來支配自己。身體輕輕搖擺起來之後，聽之任之，把心思集中在這種搖晃中。

接著反覆想「身體向左轉」和「身體向右轉」，這樣，身體自然而然的隨暗示的指令做出反應。

這種搖擺，會使全身鬆弛、舒暢，注意力也會很自然的集中到身體的動作上去。這就是催眠狀態，也稱為「催眠境界」。

和入睡狀態相比，這種狀態並不是無意識的。

第五步：身體後傾

此時暗示語是「身體停止搖擺」，身體就會慢慢靜止下來。

接著反覆自我暗示：「身體後傾」，身體就會往後倒，靠在椅背上。

第六步：反覆自我暗示

上面的一步可以說是已經進入了催眠狀態，這時，就要有目的地暗示自己某些話。比如反覆暗示「集中注意」，在頭腦裡浮現自己正在學習的表象。

暗示的指令因目的不同而異，但這些指令都要符合一定要求：①必須簡短；②必須積極；③要具體形象；④必須直接；⑤必須是肯定的。

暗示語如「我一定要記住」、「心情很平靜」、「我很有耐心」等都很好，但如果像「我一定要記住，如果記不住將會怎樣怎樣……」的暗示語，效果就差得多。

第七步：緩緩吐氣，睜開眼睛

這時，整個過程該結束了，你可以深深吸一口氣，然後緩緩吐出，同時把眼睛睜開。你還可舉起兩手，伸個大懶腰。至此，自我催眠法也就結束了。

這種方法可在學習或記憶之前做，也可以在疲倦時做，對

第一章　為自己創造快速記憶的好條件

增進記憶力很有益處 —— 它透過解除身心壓力，使大腦始終保持清醒狀態。精力好，記憶自然就好。

【記憶小常識】

深度睡眠時間長短會影響記憶力

荷蘭研究人員發現，人的記憶力會受到深度睡眠時間長短的影響。如果沒有沉睡期或者沉睡期過短，人對此前學習內容的記憶會比正常睡眠時差得多。

荷蘭神經科學研究所的范德韋夫和同事挑選了十三名年齡在五十二歲至六十八歲之間身體健康的女性作為研究對象，讓她們在睡前看一些圖片，並對其中一半人的睡眠進行監測。當腦電波顯示已進入沉睡時則發出一聲輕微的嘀聲，音量的大小足以對沉睡者造成干擾，但又不能將其吵醒。

第二天，接受測試者會繼續看一些圖片，並指出其中是否有昨天看過的圖片。在學習和回憶的過程中，研究人員會記錄測試者的大腦活躍程度。

結果顯示，雖然兩組測試者睡了同樣長的時間，但缺乏沉睡顯然對記憶力造成了影響。

【快樂小叮嚀】

初學催眠者，最好將「自我催眠」的全過程了然於胸，把「自我催眠」的每個步驟都規劃好，做到一步一個臺階！切不可混沌一片，毫無章法。當能夠順利進入狀態，並能隨

心所欲駕馭「自我催眠」的時候，才可切入自我誘導過程，
否則只會弄巧成拙，費力不討好。

利用零碎的時間學習和記憶

寫下《物種起源》的生物學家達爾文說：「我從來不認為半
小時是微不足道的很小的一段時間。」在讀書的時候，達爾文
非常善於巧妙的安排時間，做到有勞有逸。

清晨，達爾文總是習慣迎著陽光出去散步，呼吸新鮮空
氣，鍛鍊身體。

早餐後八點左右，達爾文就開始工作。這是他一天中工作
效率最高的時間，他會連續工作兩個半小時。十點半的時候，
他就開始閱讀信件並回信。在讀信及回信中，達爾文能夠了解
到各國學者研討生物學方面的一些問題。

中午，達爾文去暖房觀察那些正在實驗的動植物。同時，
他會看看報紙、雜誌，或者聽聽妻子艾瑪念的小說。聽妻子朗
讀是一種很好的讀書方法，對此，達爾文是這樣說的：「多年
來，聽人朗讀小說對我來說確實是一種很好的休息和享受。」

下午，達爾文在工作後會和朋友們一邊散步，一邊討論生
物學中的一些問題。

晚餐後，達爾文會同妻子下下棋，彈彈鋼琴。

第一章　為自己創造快速記憶的好條件

這種有勞有逸的方式，不僅能夠讓達爾文在極短的時間內有較高的學習效率，而且許多零碎的時間都被達爾文用來記憶和學習。

對於中小學生來說，學習任務是非常繁重的。除了課堂學習外，每天還要抽出大量的時間用於家庭作業、課後複習和課前預習。似乎沒有更多的時間去記憶一些細小繁雜的知識點。

事實上，只要善於利用時間，零碎的時間同樣可以用來記憶知識。許多名人都非常擅長利用零碎的時間，在有限的時間內學習比普通人更多的知識，從而獲得成功。著名數學家蘇步青說過：「我用的是『零頭布』，做衣服有整料固然好，沒有整段時間，就盡量把零星時間利用起來，加起來可觀得很。」那麼，怎樣利用這些零碎的時間呢？

第一，壓縮不必要的時間支出

據法國《興趣》雜誌對人一生在時間的支配上做的調查顯示，一個人的時間分配是這樣的：

「站著，30 年；睡著，23 年；坐著，17 年；走著，16 年；跑著，1 年又 75 天；吃著，7 年；看電視，6 年；閒聊，5 年又 258 天；開車，5 年；生氣，4 年；做飯，3 年又 195 天；穿衣，1 年又 166 天；排隊，1 年又 135 天；過節，1 年又 75 天；喝酒，2 年；入廁，195 天；刷牙，92 天；哭，50 天；說「你好」，8 天；

看時間，3天。」

這份帳單上的時間開支，有一些是非花費不可的，但有的卻完全可以節省。每個人在生活的每一天都必須清楚：我該為哪些事花費時間？哪一些可以忽略或縮短？只有像對金錢那樣計較時間，我們才能在有限的人生中做更多有意義的事情。

我們的生活中有許多事情其實是沒有必要花時間的，比如：做事懶散的人往往會在一件事情上花很多時間。

第二，充分利用零碎時間學習和記憶

許多學生都說學習任務很重，連玩的時間都沒有，事實上，我們每天的零碎時間還是比較多的。

比如：上學的路上，回家的路上，等車的時候，等吃晚餐的空隙，睡覺前的空隙，甚至是上廁所的時候等等。

這些時間雖然比較短，但是長年累月計算卻非常可觀。正如美國成功學家戴爾·卡內基所說：「零星的時間，如果能敏捷的加以利用，可成為完整的時間，可謂『積土成山』。

這些零碎的時間，用來閱讀短篇文章或者記憶短篇的知識都是不錯的選擇。」

【記憶小常識】

根據心理學研究表明，人的瞬間記憶能力最強，隨著時間的推移而記憶遞減，五遍左右方可記憶某一事物或人而短

期不忘。

而臨睡前是記憶的黃金時刻，此時所記的東西一般不易忘記，躺在床上聽一會兒錄音，不僅可以調動起潛意識的活躍性，讓大腦得到更好的休息，還能得到絕佳的記憶效果。

【快樂小叮嚀】

用零散的時間記憶零散的知識

零散的知識主要是英語單字和語法，語文的語音、詞語、標點、熟語等基礎知識。大塊的讀書時間可以用來讀文章，記憶歷史地理等系統性很強的知識，而把那些零碎的知識寫在小紙片上，隨身攜帶，在零散的時間記憶是最好不過的了。

其實，在你的日常生活中，有許多零星、片斷的時間，如：車站候車的三五分鐘，醫院候診的半個小時等等。如果珍惜這些零碎的時間，把它們合理的安排到自己的學習中，積少成多，就會成為一個驚人的數字。

第二章

用心控制自己的記憶活動

目標明確記憶更好

心理學研究表明：記憶目的明確時，腦細胞處於高度活躍狀態，大腦皮質形成興奮中心而注意力格外集中，接受外來資訊相對主動，大腦皮質留下的痕跡也非常清晰、深刻。

怎樣來明確記憶目標呢？

第一，確定明確的記憶目標

無論記憶什麼，都應該有一個目的，這個目的將決定一個人採用什麼樣的態度去記憶。沒有記憶的目的，只是漫無邊際的學習，學習的效率自然就非常低。只有具有明確的目標，並帶著這個目標去學習，記憶才會地主動的、有意識的進入工作狀態。

愛迪生年輕的時候在學習上曾經走過一段彎路。當時，愛迪生每次進入圖書館就拿起書架上的書一本一本的讀。一段時間下來，儘管他讀的書很多，印象深刻的卻沒多少，自己也感覺沒有什麼收穫。

有一次，愛迪生正在圖書館專心致志的看書，有位紳士驚奇的問他：「我常常在這裡遇到你，請問你讀過多少書了？」

愛迪生自豪的回答道：「我已經讀了十五英尺高的書了。」

「啊，十五英尺，真是值得佩服。請問你是按照什麼目的去

讀書的？我發現你昨天讀的書與今天讀的書完全不一樣呀。」

「啊，我就是按照順序讀的，我下了決心，要讀完這個圖書館所有的藏書。」愛迪生回答。

「啊，原來是這樣，你這種熱愛讀書的精神非常讓人崇敬！但是，你這種讀書法的收穫不會很大。一般來說，讀書最好有一定的目的，根據這個目的去選擇書籍，你就可以循序漸進了！」

這時，愛迪生才意識到自己讀的書都是書架上一本一本放著的書，並沒有一個主題，而自己也沒有自己的讀書目的，只是想多讀點書，結果才會讀書後感覺沒有什麼收穫。經過這位紳士的指點，愛迪生分析了自己的愛好與特長，將目標集中在電學方面，這樣，愛迪生讀書就非常有效率了。

心理學研究表明，由於記憶者有了明確的目的，就能夠有效的把自己的精力集中在既定的記憶內容上，同時在精神上要求自己重點記住相對的內容，從而提高記憶的自主性、目的性和記憶效率。

第二，近期記憶目標要合理。

心理學家米羅曾做過一個實驗，實驗證明：每人平均一次記憶的最大限量在七個左右的數字或單字。

一個人在一定時間內，對事物的記憶量是有限的，如果要

強迫自己超負荷地記憶，只能降低記憶的效率。因此，確立近期記憶目標時，一定要考慮自己的身心條件和記憶能力，確定一個適當的記憶目標。

第三，把大目標分解成小目標來記憶。

心理學家做過這樣的實驗：

把被實驗者分為兩組，讓兩組實驗者都在同一塊麥地裡舉辦割麥比賽。第一組在左邊，第二組在右邊，兩組參賽人數和麥田的面積完全相向，唯一不同的是，第一組這邊的田埂上，每隔一公尺就樹立一面紅旗，而第二組那邊田埂則沒有設立紅旗。

兩組被實驗者同時開始割麥，結果顯示，第一組的勞動速度遠遠比第二組要快得多。同時還發現，第一組的參賽人員在越靠近終點時，速度越快，效率越高。

第二天，心理學家又做了一次同樣的實驗，但不一樣的是兩組的位置換了一下，第一組在右邊，第二組在左邊，兩組同時開始割麥，麥田面積也相等。結果顯示，第二組的勞動速度遠遠比第一組要快得多。

實驗結果表明：所要達到的目標越近，目標的驅動力就越大。

【記憶小常識】

記憶差距是因記憶方法不同

科學研究表明，人的大腦的功能只有很小的一部分被開發和利用，人的腦細胞還沒有得到充分的使用。人的許多能力的培養，大多要從掌握方法做起，人的記憶能力的差距，在很大程度上是由記憶方法的差距引起的。人們通常使用的記憶方法，多是運用了大腦左腦的一部分功能而已，右腦的功能只是偶爾被利用一下。

【快樂小叮嚀】

如何確立記憶的近期目標

關鍵是要學會安排記憶進程，把長遠目標劃分成若干不同的近期目標，一個一個的實現，一個一個的跨越。每當達到了一個近期目標，就能增強信心，改進記憶效能，提高記憶速度。當達到了所有的近期目標後，處心積慮所要追求的長遠目標也就勝利在望了。而對長遠目標的靠近，無疑會更強有力的刺激記憶效能，從而更有效的提高記憶能力。

先理解才會記得牢

心理學家薩拉‧丁‧巴塞得研究指出：那些在課堂上掌握了歷史事實意義的學生比起死記硬背、不求甚解的學生來，記

憶效果要好得多。可見，深刻理解是記憶力提高的催化劑。

偉大的科學家愛因斯坦小時候就讀的德國學校盛行死記硬背的讀書方法，愛因斯坦非常厭惡，他不喜歡這種機械的讀書方式，他喜歡採用深入理解的方法來讀書，喜歡「自由行為和自我負責的教育」。

進入大學後，愛因斯坦更是堅持「深入理解」的讀書方法，他從來不記那些所謂的知識點，而是透過對它們的理解把它們融入自己的腦海中。他在回憶自己的學習方法時曾說：「熱衷於深入理解，但很少去背誦。」

理解是記憶的前提，經過理解的資訊，往往比較好記憶，而且由於記憶較深刻，反過來又會促進理解，從而達到一個良性的循環。

那麼，怎樣才能更好的理解和記憶資訊呢？

第一，了解記憶資訊的大意

曾經有兩位哲學講師做過這樣的比較，他們背誦了席勒的詩和洛克的哲學論文。結果，他們對於抽象的哲學論文的記憶效果反而比詩歌的記憶效果要好得多。原因就是他們是哲學講師，對洛克的哲學論文有較好的理解，唯讀幾遍就了解了記憶資訊的大意，記憶的時候就比較快。

因此，記憶之前先要對記憶資訊有個大概的了解，而不要

從一開始就逐字逐句的記憶。

第二，對記憶資訊進行分析

一般來說，需要記憶的內容不是孤立存在的，它同各種事物都有連繫，而只有掌握和理解了記憶對象的本質，在已有知識的基礎上，透過積極思考，力爭理解記憶資訊的內容，並根據知識之間的內在連繫進行的記憶往往效果比較好。

理解的關鍵是思考、分析。對於書中的內容，要邊讀邊思考，如果遇到一些不太明白的地方，要及時查找參考書，解決疑惑的地方，可以在每頁加上批注、注解，進而加深理解效果。

比如：當你在讀杜甫詩集的時候，可以找來杜甫的傳記、其他人對杜甫的描寫和評語、其他背景資訊等，這樣可以幫助自己理解詩中的境界，從而更好的理解所學的內容。

第三，找到記憶資訊的關鍵

在學習過程中，遇到的知識都有一定的含義。對於自己已經理解的知識，要概括知識的要點，還要找出與其他知識的前後連繫，與其他相似的知識進行比較，這樣，對記憶資訊進行咀嚼消化，組織整理，提煉出關鍵性的問題，記憶就會比較輕鬆，而且比較牢固。

第四，知識需與實踐相結合

俗話說：「紙上得來終覺淺，絕知此事要躬行。」意思是說，從書本上學來的知識畢竟是膚淺的，要透徹的、深刻的了解某件事，非經過親身實踐不可。心理學也得出結論，對學過的知識在實際生活和工作中多次運用，可以有效的增強記憶的準確性和持久性。

最後提醒你，並不是所有知識都可以透過理解來加深記憶的，有些暫時無法理解的知識，可以強迫自己先記住，或者記在本子上，經常有意識的去記，等碰到相似的問題時，再找找感覺，逐漸的去理解。

【記憶小常識】

嬰幼兒的記憶與知覺密切相關

瑞士心理學家皮亞傑認為，嬰幼兒的記憶與知覺密切相關。

如嬰兒正在吃奶時，把乳頭突然拉開，他能夠再認。當嬰兒第一次打針時，針扎進去才哭，但第二次則看見針管就哭，第三次看見戴白口罩的人也哭。嬰兒理解並記住了痛的感覺。吃藥也是如此，多次吃藥使他記住了苦的味道，所以又哭又鬧不肯吃。

【學習小叮嚀】

在實際學習生活中，很多同學都為能學好一門外語而頭

痛不已，事實上，你可以經常收聽英語廣播或者收看英語影片，可以自己選擇一些趣味性強的英語小說看看，可以請懂英語的人經常與自己一起對話，可以用英語來寫日記和文章，還可以經常參加英語比賽、甚至到英語國家旅遊等。這樣，在不斷使用英語的過程中，對英語的記憶就會越來越深刻。

重複記憶讓知識記得更牢

明末清初有個思想家叫顧炎武，他有很強的記憶力，不僅能夠背誦《十三經》，而且在天文、數學、歷史、地理等各方面都有很強的造詣，知識十分淵博。

其中，《十三經》是十三種古書，記這麼多內容，顧炎武是怎麼做到的呢？顧炎武的法寶就是重複。

曾有著名科學家在八十多歲時，仍能背出圓周率小數點後一百多位數字。當人們問到他的記憶祕訣，他的回答是：「重複！重複！再重複！」其實，重複不僅有鞏固記憶的作用，而且還可以加深對知識的理解。

在我們的日常學習中，總有一些資訊和內容是無意義、無關聯的，例如數理化公式，對於這些資訊，可以採用機械重複的記憶方法，強迫自己去記住那些不易記住但是又必須記住的資訊。

第二章 用心控制自己的記憶活動

當然，重複記憶也要遵循記憶的規律，概括起來，主要有以下幾個小技巧：

第一，重複記憶要及時

著名的艾賓浩斯遺忘曲線表明，遺忘並不是隨著時間的推移以同樣的比例忘掉的。在學習內容剛剛記住的時候，隔二十分鐘回憶，遺忘率為 42%；經過一小時後再檢查，保持率為 44% 左右，遺忘率為 56%；經過一天後再檢查，保持率為 33%，遺忘率為 67%；六天後，保持率為 25%；一個月後，保持率為 21.9%，自此以後基本上就不再遺忘了。具體遺忘的速度情況詳見下表：

艾濱浩斯曲線遺忘規律結論表

學習後的時間	20 分	1 小時	8 小時	24 小時	2 日	6 日	30 日
記住率（%）	58	44	36	34	28	25	21
遺忘率（%）	42	56	64	66	72	75	79

因此，第一次複習要及時。當天學習的內容要當天複習，第二次複習也不要間隔太長時間。兩次複習的時間間隔至少應大於三十分鐘，但應小於十六小時。因為三十分鐘內就開始複習，會對大腦鞏固原有的記憶內容的生理過程形成干擾，反而不利於記憶；十六小時以後再複習，則所記內容已經被遺忘得太多了，等於浪費了前面的精力。再往後，複習的間隔時間就

可以長一些，每次複習用的時間也可以少一些。

第二，要進行多次的重複記憶

「學而時習之」，這個道理很多人也懂，但真正能堅持下來的人卻不多。許多人往往溫習過一兩次，考完之後就不再過問。這樣，時間一長，記憶的東西又忘得一乾二淨。

第三，要變化重複記憶的方式

《天方夜譚》的譯者理查・波頓爵士能流利的說二十七種語言，但他承認，他每次練習或研究某種語言絕不會超過十五分鐘，「因為，一超過十五分鐘，頭腦就失去了對它的新鮮感」。

根據記憶的規律，多次複習往往容易使大腦疲勞。因此，我們必須學會變化重複的方式，從而使大腦一直保持興奮的狀態。

比如：複習數學時，可以背誦一下公式定律，看一看例題；也可以做些題目；也可以講給別人聽；還可以將這章的內容製成表格或畫成圖畫。

複習一篇課文時，可以朗讀、背誦，可以抄寫、默寫，還可以聽錄音、看影片。

第二章　用心控制自己的記憶活動

人的淡忘與時間有關

人腦所記憶的東西，會被逐漸淡忘。記憶得越膚淺，淡忘得越快；記憶得越深刻，淡忘得越慢。當淡忘所需要的時間達到比餘壽還長時，就終生不忘了。

一個大學生畢業後十年內不與任何同學來往，他會把許多同學的名字忘掉。一個高中畢業的農民，在五年之內不讀書、不看文章、不寫字，便會提筆忘字。

【快樂小叮嚀】

一般來說，多次重複最好這樣進行：

第一次複習，在學習知識後立即整理筆記，記住其要點，並用自己的話複述一遍，這是保持記憶的最好方法。

第二次複習，重新看一遍筆記，然後將要點用自己的話複述一遍，有不明白的地方，及時查閱相關的資料。

第三次複習，一週後進行，並將新學的知識與以前所學的東西連繫起來記憶。以後每隔一兩週再重複一遍，這樣，記憶效果必然很好。

透過朗讀加強記憶效果

發掘特洛伊城遺跡的德國人希泊來，是一位語言天才。

　　希泊來在學習語言的時候，總是喜歡大聲朗讀，一直到深夜。即使閱讀相同的文章，也總是一遍遍的大聲朗讀。透過不斷朗讀，希泊來幾乎花三至六個月的時間就學習一門新語言，直到把歐洲各國的語言全部都學會了。

　　可見，朗讀能促進記憶，尤其是在頭腦不是很清醒的情況下，大聲朗讀要記的內容，能夠引起大腦的緊張，促進注意力的集中，從而更好的記住這些內容。

　　許多人在讀書的時候總是喜歡以默讀的方式來進行，這是因為默讀的速度比較快，而且不會影響他人，可以隨時隨地進行。但是，如果要更好的記住內容，閱讀時最好能夠大聲朗讀。

　　那麼，怎樣朗讀才能加強記憶效果呢？

第一，有節奏的朗讀

　　朗讀的速度要保持中速，不要時快時慢，這樣會分散大腦的注意力，要有節奏的進行，就像有節奏的敲打東西一樣，讓大腦對朗讀的節奏留下深刻的印象。

　　當然，朗讀時要注意語法停頓。一般來說，句號、問號、驚嘆號、省略號停頓的時間較長，分號、逗號停頓的時間較短，頓號、破折號、括弧及引號停頓的時間更短。

第二，有感情地朗讀

　　俄國十九世紀的大文豪列夫‧托爾斯泰是一個喜歡朗讀的

第二章　用心控制自己的記憶活動

人。在朗讀文學作品的時候，列夫‧托爾斯泰同時在感受著或評判著這篇文學作品的好壞。他認為在朗讀的時候，由於加入了情感因素，往往能夠更深刻的體會作品的好壞。

西元 1853 年，列夫‧托爾斯泰在自己的日記中這樣寫道：「讀書，尤其讀純文學的書 —— 要把主要的注意力放在該作品中所表現的作者的性格上。」列夫‧托爾斯泰經常在休息、閒暇或與友人聊天、相處時，朗讀他所喜歡的一些文學作品。在朗讀的時候，列夫‧托爾斯泰總是非常容易動情，似乎他已經完全融入到作品當中，他甚至會在朗讀的時候感動得掉下眼淚。有時候，他還會邊朗讀，邊加以評說。

西元 1891 年，六十多歲的列夫‧托爾斯泰在給一位友人的一封信中開了一份書單，題為《對我產生了印象的書籍》。在這份書單中，他把過去各個年齡階段所閱讀的書籍分成「印象深」「印象很深」「印象極深」這樣三個層次。而他最喜歡朗讀的那些書籍，就是他印象最深刻的那些書。

你在朗讀時一定要加入自己的思想情感。比如：朗讀抒情散文時，可以想像自己就是作者，在某種特定的條件下，去體驗作者的感受，然後深情的朗讀這些內容，效果就會不一樣。再比如：對於寫景的文章，朗讀時要想像自己身臨其境，這樣，記憶效果自然會好很多。

第三，邊朗讀邊思考

朗讀時不要機械的朗讀，一定要加入自己的思考，努力去理解朗讀的內容，這樣朗讀的效果才會比較明顯。

第四，反覆進行朗讀

根據記憶規律，反覆對於記憶有一定的促進作用。因此，將要記憶的內容反覆朗讀幾遍，懂了以後，不看內容，再背誦幾遍，這樣一次一次進行，記憶效果也會好得多。

【記憶小常識】

朗讀能加強記憶，有益於健康

記憶是人腦的一種特殊功能，是人類儲存知識的一種重要方式，朗讀能加深記憶，鞏固記憶，能喚起人們的感知和想像，達到聯想記憶的作用。透過音韻調的變化可以產生一系列的聲音形象，並使之牢牢印入人們的腦海之中。

總之，朗讀可以透過視覺、聲覺、聽覺等器官的協調活動，把知識資訊輸送到人腦的儲存區域，從而達到增強記憶和加強健康的作用。

【快樂小叮嚀】

雖然現代家庭空間較小，進行朗讀可能會影響到他人的休息，但是在適宜的時間內，朗讀對於我們來說還是必需

的。我們可以與家人商量，安排一些固定的時間去朗讀需要記憶的內容。或者到室外去進行朗讀，比如公園、山頂等。

「爛筆頭」會加強記憶效果

在古代，一些買不起書的讀書人常常用抄書的方法來讀書。這樣，一方面把書保存了下來，另一方面在抄書的過程中可以達到學習的目的。邊讀邊抄寫的方法，是很多學問家喜歡的讀書方法。

明代有個著名的學者叫張溥，他從小酷愛讀書。他每讀一本書，總是要把書從頭到尾抄一遍，接著朗讀幾遍，然後再把抄好的東西燒掉。接著他再抄寫第二遍，然後又朗讀，讀完了，又把抄錄本燒掉。如此抄、讀、燒、抄、讀、燒……經過這樣六七次的邊抄邊讀，他便把書本背得滾瓜爛熟了。

邊讀邊寫是加強記憶的好方法。俗話說：「好記性不如爛筆頭」，「最淡的墨水，勝過最強的記憶」，「眼過十遍，不如筆過一遍」，手腦並用對於記憶的效果是不言而喻的。

那麼，用筆寫有哪些方式可以促進記憶呢？

第一，全抄

有位數學家年輕的時候非常喜歡抄書。他認為人們總覺得

抄書是一件辛苦的事情，實際上，抄書對於讀書的幫助是巨大的。當一個人抄完一本書後，他能夠全面的了解書中的內容，甚至書中的一些小細節都能夠看得非常清楚。這種抄書方法，比讀十遍書的效果還要好。

第二，部分摘抄

摘抄就是摘錄書籍、報紙、雜誌等相關學習資訊中與自己的學習有關的原始資訊。

美國《讀者文摘》的創始人華萊士從小就非常熱愛讀書，他有一個習慣，就是在讀書的時候摘抄。

華萊士認為「記憶不能代替記錄」，於是，他學會了摘錄精彩的文章和段落。華萊士總是用很小而清晰的字將一些文章的精華部分摘抄下來，或者將文章的意思加以濃縮後抄下來。

華萊士對父親說：「我每讀一篇文章，便將我要保留或記住的資料寫下來。晚上睡覺前，我再複習白天讀過的東西，以後常讀那些筆記，以記住那些文章。」

第三，做學習筆記

做筆記是一種促進記憶的重要輔助手段。

阿根廷著名的文學家波赫士在中學時代就非常注重做筆記。他說：「我認為學好一門課，真正能掌握這門學科的內容，就需要把幾種教材編寫體系的異同和重點搞清楚，並選擇一種

教材的骨架為中心，把具體的事例都穿插進去，擺到適當的位置，寫出一套自己編制的筆記。在國中的三年中，我就把物理、化學、生物等課程的筆記都這樣修改過，或重寫了一遍。它幾乎花去了我所有的課餘時間。這套筆記對我考取大學有很大作用。」

第四，寫批注

批注就是在書的空白地方加上自己的評論。批注可以是記號，也可以是批語。

許多人都有做批注的習慣，喜歡邊讀邊寫。有時候會摘錄一些書中的內容，有時候他會在重要的地方畫上圈、槓、點等符號，做批注以及寫讀書筆記、在原書上改錯糾謬。

第五，寫學習心得

一般來說，心得的內容和方式沒有什麼限制，可以全面、系統、綜合評論，也可以對原文中的某些觀點加以分析和發揮；可以對原文提出批評和商榷，也可以把原文的內容，觀點和其他同類的文章加以比較，寫出自己的認知。只要你能夠用心去做，不管什麼方式都是有助於記憶的。

需要提醒你的是，採用心得筆記法，應該注意文字上要乾脆俐落，反對繁瑣與冗長，應該學會用簡潔的詞句表達出確切的思想，還要經常寫。

【記憶小常識】

好記性不如爛筆頭 —— 課堂筆記

美國心理學家巴納特以大學生為對象做了一個實驗，研究了做筆記與不做筆記對聽課學習的影響。實驗內容為一千八百個單字的介紹美國公路發展史的文章，以每分鐘一百二十個單字的中等速度讀給他們聽。把大學生分成三組，每組以不同的方式進行學習。甲組為做摘要組，要求他們一邊聽課，一邊摘出要點；乙組為看摘要組，他們在聽課的同時，能看到已列好的要點，但自己不動手寫；丙組為無摘要組，他們只是單純聽講，既不動手寫，也看不到有關的要點。學完之後，對所有學生進行回憶測驗，檢查對文章的記憶效果。

實驗結果表明：在聽課的同時，自己動手寫摘要組的學業成績最好；在聽課的同時看摘要，但自己不動手組的學業成績次之；單純聽講而不做筆記，也看不到摘要組成績最差。

【快樂小叮嚀】

如何記好課堂筆記

1. 做好記筆記的準備工作：筆記本是必不可少的。最好每一門課程準備一個單獨的筆記本，不要在一個本裡同時記幾門課的筆記，這樣會很混亂。準備兩種不同顏色的筆，以便透過顏色突出重點，區分不同的內容。

2.　要用筆記，而不要依靠智慧型手機錄音：使用錄音，雖然能將老師講課的內容全錄下來，但自己沒參與記的過程，做筆記的好處已無法展現。錄下來的內容複習起來也太費時、費力。

3.　留出空白：每頁筆記的右側劃一分隔號，留出三分之一或四分之一的空白，用於課後拾遺補缺，或寫上自己的心得體會。左側的大半頁紙用於做課堂筆記。

4.　提高書寫速度：書寫速度太慢，勢必會跟不上講課進度，影響筆記品質。要學會一些提高筆記速度的方法。不必將每個字寫得橫平豎直、工工整整，可以潦草地快速書寫；可以簡化某些字和詞，建立一套適合自己的書寫符號，比如用「∵」代表「因為」，用「∴」代表「所以」。但要注意不要過於潦草，過於簡化反而使自己也看不懂所記的內容是什麼。速寫的目的是提高筆記效率。

5.　課後要及時檢查筆記：下課後，從頭至尾閱讀一遍自己寫的筆記，既可以達到複習的作用，又可以檢查筆記中的遺漏和錯誤，將遺漏之處補全，將錯別字糾正，將過於潦草的字寫清楚。同時將自己對講課內容的理解，將自己的收穫和感想，用自己的話寫在筆記右側的空白處。這樣，使筆記變得更加完整、充實、完善。

摸清規律促進記憶效果

德國大數學家高斯在小學念書時，數學老師叫布特納，在當地小有名氣。

這位來自大城市的數學老師總認為鄉下的孩子都很笨，感到自己的才華無法施展，因此經常很煩悶。有一次，布特納在上課時心情又非常不好，就在黑板上寫了一道題目：

1+2+3……+100=？

「哇！這麼多個數相加，要算多長時間呀？」學生們有點無從下手。

正當全班學生緊張的挨個數相加時，高斯已經得出結果是5050。同學們都很驚奇。

布特納看了一下高斯的答案，感到非常驚訝。他問高斯：「你是怎麼算的？怎麼算得這樣快？」

高斯說：「l+100=101、2+99=101、3+98=101…最後50+5l=101，總共有50個101，所以101×50=5050。」

原來，高斯並不是像其他孩子一樣一個數一個數地相加，而是透過細心的觀察，找到了算式的規律。

一般來說，事物之間總是有一些規律存在，在記憶的時候，如果能夠找出事物之間的連繫和規律，就能夠輕鬆的記憶知識。在我們學習的科目中，基本上都可以透過找規律來促

進記憶。

這裡，我們以語文學習為例。

比如：在學習國字結構的時候，可以找找國字的規律。前人總結的國字構造規律的名稱和順序是：

第一，象形

象形字是用線條來描畫事物形狀的文字。比如：山、門、水，這些文字都可以透過描畫來表現客觀事物的形狀。

第二，指事

指事字是用抽象的符號表示的，人們可以結合自己的生活經驗和閱歷來領會它的意思。比如：大、小。

第三，會意

會意字是由兩個（有時是三個）單字組合起來構成的。每個單字都有自己的意思，兩個字合起來，構成一個新的意義。比如：

採 —— 手在樹上，採摘東西。

林 —— 喬木叢生，成為樹林。

眾 —— 三人團結，眾志成城。

第四，形聲

形聲字是一種半表音半表意的文字，由形符和聲符兩部分構成。形符又叫意符，意符主要表示形聲字的本義所屬的意義範疇。聲符是用來表示形聲字的讀音的。

比如：「墓、幕、暮、慕」都是形聲字，它們的聲符都是「莫」，形符是「莫」下面的字。

怎樣區分它們並記住它們呢？

「墓」下邊是「土」，人死了棺材埋進墳墓。

「幕」下邊是「巾」，「巾」表示「布」，「開幕」當然有幕布。「夜幕」是說夜色像黑布一樣籠罩下來。

「暮」下邊是「日」，「日」指夕陽，太陽快落下了。

可見，掌握國字的構造規律後，我們學習國字的時候很快就可以記住了。

【記憶小常識】

人的記憶是有規律的

記憶是人將感官輸入的資訊加以保持，並在一定的時候將這種資訊重新提取出來的過程，包括識記、保持和再認或重現三個階段。記憶就好比電腦的輸入、儲存和輸出過程一樣，輸入的資訊要順利的提取出來，首先要將記憶資訊根據過去的經驗進行組織、變換、歸納，以形成某種關係，編入

自己現有的知識體系中，這叫編碼。編碼的好壞決定著記憶的優劣，編碼的水準高，讀取就容易，記憶品質就高。編碼是有規則的，人的記憶也是有規律的。

【快樂小叮嚀】

記住記憶三規律：

記憶規律一，中間的資訊較難記。

對策：

1. 把重要的資訊放在最前面或最後面記。
2. 把長資訊分割成短資訊記，最後串起來一起記。

記憶規律二，遺忘進程先快後慢。

對策：

學習的東西要及時複習，如在晚上進行學習，第二天早晨複習效果較好。

記憶規律三，理解的資訊容易記。

對策：

不要死記硬背，對一些枯燥的資訊可賦予意義聯想歸類等記憶。

提綱要領法讓記憶更容易

許多大學者們都非常喜歡運用列提綱的方法來幫助自

己記憶。

「唐宋八大家」之一的韓愈是個自學成才的文學家。他自幼苦讀，在「口不絕吟於六藝之文，手不停披於百家之編」時，非常注重做提綱。他常說：「記事者必提其事，纂言者必鉤其玄。」

馬克思也特別重視閱讀提綱，他認為列提綱能夠幫助自己通曉識記資訊。他甚至花了大量工夫，為自己個人的藏書做了提要，使書中的精華了然於胸。

那麼，怎麼編寫提綱呢？

首先，認真分析資訊，充分消化內容

對於記憶資訊，可以先快速的瀏覽一下內容，力爭對所有的內容有個初步的了解。對一本書，可以在學習前先看內容提要和目錄，從總體結構上弄清各章節之間的關係。接著再看前言或後記，了解作品寫作背景和寫作意圖。在了解全篇的基礎上，劃分段落，反覆揣摩，盡快掌握文章的整體布局及脈絡。

其次，對文章進行全面概括，提煉出記憶的重點

確定一下書中的重點和難點，這要求你在讀書的時候，就應該掌握書中的脈絡，理解書中的重點，然後概括出基本內容，並理清文章的脈絡，用提綱形式概括出來，這也就是要記憶的重點。

第二章　用心控制自己的記憶活動

再次，對需要記憶的資訊進行總結

在閱讀記憶資訊後，可以合上書本，把經過咀嚼、消化、分析、綜合而印在頭腦中的提綱表述出來。如果表述十分完整、確切，那就說明掌握了文章的內容，如果表述殘缺不全，丟三落四，那就還要進一步熟悉提綱。

最後，將概括出來的提綱整理到筆記當中

提綱式的筆記可以幫助你快速理解全書的結構。

提綱有簡單提綱和複雜提綱兩種：

第一種，簡單提綱

簡單提綱只要列出要點就可以了，就好像書本的目錄一樣。

簡單提綱是高度概括的，只提示記憶資訊的要點，把重要的內容用最簡潔的語言來記錄，具體的記憶內容則不涉及。這種提綱雖然簡單，但由於它是經過深思熟慮而形成的，有助於我們根據提綱來回憶相關的內容。

第二種，複雜提綱

複雜提綱也稱為詳細提綱，是在簡單提綱的基礎上，把重點的內容都列上，重點內容包括定義、內容、特點、作用、意義、原因。逐段尋找，不可遺漏，這樣有助於記憶重點的內容。

在提綱記憶法的運用中：一要面對實際，該用此法的就用，

不該用的不要畫蛇添足。長資訊當用，極短的資訊就沒有必要了。二是要及時溫習，提綱雖然簡明扼要，但也不是一下子就鐫刻在心中的，也應經常複習，經常默寫，這樣才能歷久不忘。

【記憶小常識】

提綱記憶法就是把所學的知識用線索「串」起來，就像繩索串起銅錢那樣，整理、總結出知識脈絡的一種記憶方法。

提綱記憶法實際上就是把識記知識的主要脈絡透過編寫提綱的過程，分類、整理、綜合、分析、概括成便於記憶的線索資訊，整理者在這個過程中自然而然消化了識記知識，深化鞏固了記憶。

【快樂小叮嚀】

不管是採用哪種提綱，在編寫提綱的時候，要提醒你注意以下幾點：

1. 在列提綱的時候，最好要根據書中的內容實事求是進行，千萬不要加入自己的觀點和感想。
2. 列提綱比較適用於內容繁多的記憶資訊，對於極短的資訊，沒有必要列提綱。
3. 提綱雖然經過概括和消化，比較容易記憶，但是也需要你經常複習，從而加強記憶的效果。

提高自己的有意注意力

曾經有人做過這樣一個有趣的心理測驗：

四十名世界著名的心理學家正聚集在德國的一個村鎮開會，忽然，一個村民呼叫著衝進會場，一個光頭、穿著黑色短衫的黑人手持短槍追了進來，兩個人在場內生死搏鬥起來。

心理學家們都非常奇怪，個個嚇得目瞪口呆。

一聲槍響以後，農民和黑人便一起跑了出去。

這個場面只持續了二十秒鐘，這時，主持人說：「大家不要慌，這只是一個心理實驗，請大家把自己看到的盡可能詳細的記錄下來。」但是，從大家交上來的資訊中發現，心理學家們在回憶這一事件時所產生的錯誤是十分驚人的。

在這四十名心理學家中，只有四個人記得黑人是光頭，其餘的人甚至不記得黑人所穿短衫的顏色。大部分人的錯誤在20%～50%之間，只有一人回憶中的錯誤少於20%。

在這個實驗中，因為大家都沒有刻意去關心的對象，因此錯誤率極高。其實，這是一種非常普遍的生活現象。

有人說，記憶力等於注意力，雖然這句話不一定十分正確，但想要很好的記憶所學的內容，首先就要集中注意力，把自己的思想全部集中在所要記憶的內容上，這樣才能夠專注的看記憶資訊，並去記憶這些資訊。

對於我們來說，可以在日常生活中這樣來訓練自己的有意注意力：

第一，讓家長幫忙訓練自己的主動注意

在日常生活中，你可以與他人一起玩數數的遊戲。

你們一起找一些小石子或者玻璃球放在盒子裡，由一個人迅速打開盒子讓另一個人看兩秒，然後又迅速合上蓋子，讓看的人說出盒內小石子或者玻璃球的個數。兩人可交換著進行，可以不斷變換盒子內的小石子或者玻璃球的個數。這種遊戲對於你的注意力和記憶力都有良好的促進作用。

第二，透過遊戲引導自己在注意事物時控制自己的情感

專注是學習的關鍵，只要能夠集中精力、專心致志，許多事情都能夠事半功倍。如果你在上課時分心，不集中注意力，學習的效果自然不會好。

讓我們來看看美國教育家老卡爾‧威特是怎樣來訓練兒子小卡爾‧威特的：

我曾經用名為「平靜下來」的遊戲來訓練兒子的自我控制能力。

我認為和卡爾玩的這種「平靜下來」的遊戲，可以幫助他對付別人的干擾。這個遊戲的規則是要求參加者在一定時間內從一堆木棍中移走一根，不能碰其他木棍。

雖然內容很簡單，但需要參加者能集中注意力，具備很好的動作協調能力，目的是教會兒子情感控制技能。卡爾玩時，我可以在一旁以任何方式取笑他，但不能碰他。每取出一根木棍，每人得一分，如果對取笑毫無反應，就得二分。

卡爾全神貫注，要將綠棍下的紅棍取出來。因為他太專心，他的手都有些發抖。他只有在不碰到黃棍的情況下，把紅棍移動四分之一英寸，才可以把紅棍拿出來。這時，我對著他的耳朵吹了一下，弄出點雜訊，並不停的與他說話逗他，試圖分散他的注意力。但卡爾完全不為所動，慢慢做深呼吸，放鬆肌肉，眼睛緊緊盯著目標。他知道，要想贏得這場遊戲，就必須不受我的影響，集中注意力。他暗暗告訴自己：「只看眼前的目標。」果然，他把紅棍取出來了，而且沒有碰到其他棍子。

儘管，這個案例是家長來幫助孩子提高控制力，但是依然對我們有所啟迪：要訓練自身的專注，你需要有意識的培養自我控制能力和抗干擾的能力，只有這樣，才能夠做到不受外界環境的影響，而專注於眼前的目標。

【記憶小常識】

如果有人問你：從一樓到你家五樓共有多少臺階？你很可能答不上來。如果再問你：從你家到鄰近另一棟樓中間有幾棵樹，都有什麼樹？可能你也說不清楚。

為什麼會有這樣的事情發生？就是因為你對這個地方太

熟悉了，以至於根本沒有去留意，這種狀態就是我們常說的「熟視無睹」。

在日常生活中，必要的忽視其實是人類節約認知資源的一種好方法。但是，這樣的忽視會造成一種認識習慣，那就是在那些需要關心的事情上也可能沒辦法集中自己的注意力，不能讓自己很容易的轉換成一個高效率注意的人。

【快樂小叮嚀】

四種方法快速提高你的注意力

1. 放鬆訓練法：舒適的坐在椅子上或躺在床上，向身體的各個部位傳遞休息的資訊。從左腳開始，使腿部肌肉繃緊，然後鬆弛，同時暗示它休息。然後，從右腳到軀幹，再從左右手放鬆到軀幹。這時，再從軀幹到頸部、頭部、臉部全部放鬆。只需短短的幾分鐘，你就能進入輕鬆、平和的狀態。

2. 難易適度法：對於那些已能熟練解答的習題不要一遍又一遍的去演算，要找一些這方面經典性的題目去攻克。對於難度大的題目，先是獨立思考，再求助老師、同學或家長。對於不感興趣難度又比較大的內容，自己首先訂好計畫，限定時間去學習，就不會鬆懈拖沓。拿下學習中的一個「山頭」，就給自己一個獎賞，讓成就感來激勵自己，從而集中注意力。

3. 感官同用法：調動多種器官來協同活動，在大腦皮質形成

一個較強的興奮中心。如耳聽錄音，嘴裡讀單字，眼睛看課本，手在紙上寫單字。這樣，注意力就當不了「逃兵」了。

4. 排除干擾法：先在沒有任何干擾的情況下背誦一段兩百至四百字的文章看需要多少時間，然後在旁邊有干擾時背這段文章，看需要多長時間，直到在兩種環境中時間相同為止。

透過自我測試提高記憶效果

從心理學的角度來說，記憶並不是最後的目的，它只是一種手段，記憶的目的是儲備認識問題和解決問題的能力。那麼，怎樣知道資訊記住了多少？能力儲備得怎麼樣呢？測驗就是一種很好的手段。測驗不僅可以來檢驗記憶的準確性，而且可以找到自己的記憶弱項，從而加深記憶的效果，提高記憶的效率。

那麼，怎樣運用自測來提高記憶力呢？

第一，定期測驗

定期測驗就是對自己所學的課程和知識制訂一個自我測驗的計畫，然後按時進行。

定期測驗從時間上可以分為當日測和週日測兩種。

1. 當日測：即在晚上睡覺前把當天所學過的知識都回憶一遍或者複述一遍。

2. 週日測：即在週末時，把一週所學的課程和知識透過測驗的形式檢查一遍。當然，測驗時可以變換各種方式，從不同的角度來測驗，從而使記憶更加準確和長久。

   從課程安排上，定期測驗可以分為單元測和全書測。

1. 單元測：即一個單元學完了，把這單元的主要內容列出來，然後設計相關的題目進行自測。也可以回顧一下這單元的主要內容，學完後有什麼收穫，與前個單元有什麼連繫等。總之，學完一個單元，要及時消化以鞏固記憶。

2. 全書測：學完一本書後，可以翻開書本，看著目錄回憶全書的主要內容，也可以分章節對每個單元的主要內容進行回憶。

第二，隨時測驗

即隨時隨地測驗自己的記憶效果。根據測驗的方式可以分為背誦自測、默寫自測和自我講課等方式。

1. 背誦自測：即透過背誦的方式來測驗自己是否記住相關的知識。可以背誦給自己聽，也可以背誦給父母聽。如果沒有記住，就及時複習。

2. 默寫自測：默寫比背誦要求更高，對於記憶力的訓練也更顯著。因為默寫時注意力高度集中，大腦思維積極活躍，必然使記憶的知識得到很好的鞏固。對於重要的內容，可

以透過默寫來自我測驗。

3. 自我講課：即你可以模仿老師給學生講課一樣，自己給自己講解。「假若我是老師，我希望學生掌握哪些問題呢？」自我講解能夠進一步明確學習的目的，更深入的理解書中的內容，更清楚的掌握知識的脈絡。

如果你善於運用自我講課法，不僅能夠全面掌握知識，融會貫通，而且還有利於記憶力的提高。

【記憶小常識】

測驗是學校當中經常使用的，用來檢驗學習情況的一種手段。事實上，如果你學會用自測的方式來檢查自己的學習情況，這對於鞏固知識和提高記憶力都是有好處的。因為自我測驗可以讓你弄清楚哪些知識沒有記住，哪些知識容易混淆，甚至於了解自己的記憶習慣是怎樣的，記憶方式有什麼特點。

【快樂小叮嚀】

自我講課是一種很好的有助記憶的方法。因為給自己講課不受環境和條件的限制，你既可以找個無人的地方，比如大樹下、牆角邊、房間裡、公園裡，然後開始自我講解。如果很難找到無人的地方，也可以坐在角落裡，輕聲的對自己講解。

透過自己對自己講解，知識就會在你的頭腦中留下深刻

的印象，你就會對所要記的內容非常熟悉，對於各知識的框架和脈絡非常清晰，而且他還會把所學過的內容融會貫通起來，從而學到更多的內容。

要注意，如果在講解的過程中，發現自己還是有不理解的地方，就像學生問老師那樣問自己：「這是怎麼回事呢？」然後記下這個問題，等講解完再去找資料解決。

第二章　用心控制自己的記憶活動

第三章

全面掌握輕鬆記憶的最佳方法

諧音記憶法 —— 輕鬆高效牢記知識點

有這樣一則笑話：

老師問：「你有什麼特長？」

學生答：「老師，我的腿特長。」

許多人會笑這個沒有理解老師意思的學生，事實上，他就是在諧音上鬧出了笑話。

國字裡面有很一字多音的現象，這就給我們的記憶創造了一個條件，那就是利用諧音來記憶。

因此，我們要學會把某些零散的、枯燥的、無意義的識記資訊進行諧音處理，以形成新奇有趣、富有意義的語句，這樣就容易記住了。

怎樣運用諧音記憶法呢？

第一，運用諧音法記憶數字

與數字諧音的文字是很多的。例如：

0：零凌菱陵玲羚齡拎鄰聆林淋琳臨霖鱗磷靈。

1：衣依醫佚益邑夷姨易溢裔翼譯亦意抑。

2：兒而爾耳餌洱。

3：山杉刪珊衫散扇煽。

4：似飼嗣司肆私師獅仕市柿氏視絲死屍石識史是室寺

思撕斯。

　　5：吳吾巫毋午梧誤惡物屋汙烏武舞務。

　　6：劉留流溜瘤柳。

　　7：奇歧崎齊旗棋迄泣氣契乞啟豈起戚凄騎期祁企器漆其。

　　8：叭笆巴吧疤拔把靶琶。

　　9：究舅久糾非酒就救舊揪廄臼。

第二，運用諧音法記憶英語

　　許多人在學英語的時候會把「desk」記成「迪斯卡」，這都採用了諧音記憶的方法。

　　我們再來看一些英語單字的諧音記憶方法：

　　「play」，玩。諧音「不累」，玩肯定是「不累」的。

　　「hair」，頭髮。諧音「黑啊」，頭髮真「黑啊」。

　　「sing」，唱。諧音「聲」，唱歌當然是有「聲」的。

　　「think」，想。諧音「深刻」，想的時候當然要「深刻」。

　　「mouth」，嘴。諧音「冒失」，說話「冒失」那就是嘴。

　　「pay」，付（錢）。諧音「賠」，付錢基本上就是「賠」本。

　　「tomb」，墳墓。諧音「土墓」，「土墓」就是墳墓。

　　「wash」，清洗。諧音「我洗」，清洗就是「我洗」。

　　當然，運用諧音記憶時，要注意下面兩個問題：

其一，不能事事諧音

諧音記憶只可以用來記憶一些生澀的或是枯燥的內容，如果把好記的內容都用諧音來記，說不定會變得越來越難記憶。

其二，諧音一定要準確

諧音一定要準確，而且最好加入一定的意義，不然會弄巧成拙，到時候回憶不出原來的內容，或者回憶得不確切。

【記憶小常識】

諧音記憶法是抓住國字中破音字及近音字的特點，對需要記憶的內容進行諧音處理，由此及彼地展開諧音聯想，使許多抽象的內容更加形象。運用諧音記憶不僅能夠促進記憶，而且可以讓記憶內容變得更加新奇有趣，給記憶增加樂趣。

【快樂小叮嚀】

嘗試運用諧音記憶法來記憶 π 小數點後一百位數字：
3.141592653589793238462643383279502884197169399375105820974944592307816406286208998628034825342117 0679
參考記憶：
先設想一個酒徒在山寺狂飲，醉死山溝的情景：

山巔一寺一壺酒（3.14159），兒樂（26），我三壺不夠吃（535897），酒殺爾（932）！殺不死（384），樂而樂（626），死了算罷了（43383），兒棄溝（279）。（前30位）

接著，設想「死」者父親得知兒「死」後的心情及「死」者父親到山溝尋找兒子的情景：

吾疼兒（502），白白死已夠淒矣（8841971），留給山溝溝（69399）。山拐我腰痛（37510），我怕你凍久（58209），淒事久思思（74944）。（中間30位）

然後，父親在山溝裡把兒子找到，並把他救活，兒子迷途知返：

吾救兒（592），山洞拐（307），不宜留（816）。四鄰樂（406），兒不樂（286），兒疼爸久久（20899）。爸樂兒不懂（86280）。「三思吧（348）！」兒悟（25）。三思而依依（34211），妻等樂其久（70679）。（最後40位）

歌謠記憶法 ── 簡單易懂，便於掌握

在學習中，歌謠記憶法運用很廣泛。例如大家熟知的九九乘法歌，英語字母歌，珠算口訣等。這種方法可以縮小記憶資訊的絕對數量，把記憶資訊分成組塊來記憶，加大資訊量，增強趣味性，不但可以減輕大腦的負擔，而且有利於記牢，避免遺漏。

第三章　全面掌握輕鬆記憶的最佳方法

那麼，我們怎樣運用歌謠記憶法呢？

運用歌謠記憶法最重要的是編歌謠。一般來說，編歌謠主要有以下幾種方法：

第一，內容概括法

比如：一年二十四節氣有立春、雨水、驚蟄、春分、清明、穀雨、立夏、小滿、芒種、夏至、小暑、大暑、立秋、處暑、白露、秋分、寒露、霜降、立冬、小雪、大雪、冬至、小寒、大寒。

每個節氣間隔半個月。一般來說，在七月以前，每個月裡面的兩個節氣，一個在六日，一個在二十一日；在七月以後，每個月裡面的兩個節氣，一個在八日，一個在二十三日，可能有一兩天的出入。這樣多的內容怎麼記住呢？如果把它編成口訣，那就容易多了。

二十四節氣歌

春雨驚春清谷天，夏滿芒夏二暑連；

秋處露秋寒霜降，冬雪雪冬小大寒。

上半年來六二一，下半年是八二三；

每月兩節不更變，最多相差一兩天。

瞧，口訣基本包含了所有記憶的內容。這樣，記憶起來就方便多了。

第二，特徵對比法

對於一些容易混淆的字，可以用特徵對比的辦法編成歌謠，特別便於記憶，而且容易分辨。

比如：己、已、巳幾個字容易混，可以編成這樣的歌謠：

「堵巳不堵己（自己的己），半者和念已（已經的已）。」

第三，形象描述法

對於內容較多的記憶資訊，可以運用形象描述的方法來加強記憶。

比如：要讓年幼的人記憶人的姓氏，可以編這樣的順口溜來記憶：

弓長張、立早章、木子李、三橫王、草頭黃、二馬馮、木可柯、口天吳、耳東陳、關耳鄭……

不管使用哪種方法編歌謠，一定要善於抓住記憶內容的關鍵，把所記憶內容壓縮成短短的歌謠，幫助自己記憶。如果你編的歌謠與要記憶的內容不太相關，或者比較生澀，不僅不能幫助記憶，反而會引起記憶困難。歌謠千萬不能過長，否則也會增加記憶的難度。

另外，最好根據需要自己動手編寫歌謠，因為自己創造的東西容易在大腦中留下深刻的印象。

【記憶小常識】

在非洲許多原始部落裡，因為沒有文字，所以部落之間的消息都要靠傳消息的人負責把消息記下來，然後到另外的部落再講出來。由於部落之間距離比較遙遠，往往要走上十天半月才能到達。這些傳消息的人為了不遺忘消息，就把所有的消息編成押韻的口訣或者歌謠來幫助記憶。

這種把記憶資訊編成口訣或押韻的句子來提高記憶效果的方法，叫做歌謠記憶法，也稱口訣記憶法。

【快樂小叮嚀】

歷史朝代可用內容概括法編成歌謠

盤古三皇（伏羲、燧人、神農）五帝（黃帝、顓頊、帝嚳、唐堯、虞舜）更，夏商周（西周、東周）秦西東漢，三國（蜀魏吳）兩晉（西晉、東晉）南北朝，隋唐五代及兩宋（南宋、北宋），元明以後是清朝。

字頭記憶法 —— 首字提取，組成短句

字頭記憶法就是抓住知識的主要內容，緊扣住每句話的字頭或者關鍵字眼，把複雜的知識資訊加以凝練、濃縮來記憶。

在一次語文課上，老師教了柳宗元的《江雪》。經過老師的講解，同學們都了解了詩歌的內容，但是，老師卻要求同學

們在課堂上當場記住這首詩。這可難倒了李明，他默讀了幾十遍，但老是把四句詩的次序搞錯，背了上句忘了下句。這時，同桌的彬彬向李明眨眼，說：

「李明，我教你一個好方法吧。」

李明懷疑的看著彬彬，有點不太相信，因為彬彬一向比較淘氣，他能有什麼好方法？但李明還是虛心的請教了彬彬。彬彬神氣的說：

「『千山鳥飛絕，萬徑人蹤跡；孤舟蓑笠翁，獨釣寒江雪。』這四句話可以概括為『千萬孤獨』，這樣，你在背誦的時候，只要記住第一句，其他的幾句也就想起來了。同時，你要想像在江中釣魚翁有千萬種孤獨的感覺。這個方法保證讓你很快記住這首詩。」

根據彬彬的方法，李明果然記住了這首詩。

字頭記憶法可以壓縮資訊，減少記憶的難度，從而達到高效記憶的目的。

那麼，怎樣掌握字頭記憶法呢？

第一，簡單的提取記憶資訊的首字

字頭記憶法最簡單、最關鍵的一步就是要把記憶資訊的首字提取出來，經過編排組成有意義的句子。

比如：太陽系八大行星水星、金星、地球、火星、木星、

土星、天王星、海王星的名稱和順序可以記憶為「水金地火木土天海」，這樣，記憶量大減，而且可以一口氣念完，輕輕鬆鬆便能記住。

第二，運用諧音使字頭組成的句子有意義

把記憶資訊的字頭提取出來組成句子後，如果句子毫無意義而又比較難記，可以採用諧音等方法使句子有實際的意義。

第三，適當增加內容使字頭組成有意義的句子

有些記憶資訊，如果單單提取字頭沒有什麼意義，記憶時間久了也容易忘記。如果無法採用諧音的方式使字頭組成的句子有意義，那麼，不妨增加一些內容，使字頭組成的句子有一定的意義，從而促進記憶。

比如：四大佛教聖地 —— 九華山、五臺山、普陀山、峨眉山，取其字頭為九、五、普、峨，為了使這四個字組合起來有意義，我們可以記作：「九五之尊，普照峨嵋」。這樣，記憶的時候非常容易，記憶效果也非常好。

與歌謠記憶法一樣，字頭記憶法最好也自己去編排字頭，這樣你就能夠比較快的記住，記憶效果也比較好。

【記憶小常識】

字頭記憶法即把需要記憶知識部分的字頭排列起來記

憶，應用時再引出整體內容。這種方法對於記憶需要排列時間或空間位置順序的知識很有幫助。

【快樂小叮嚀】

嘗試用字頭法記憶「四書五經」。

四書：《孟子》《論語》《大學》《中庸》。

五經：《詩》《禮》《春秋》《易》《書》。

參考記憶：四叔（書）猛（《孟子》）論（《論語》）大（《大學》）鐘（《中庸》），五經（五經）詩（《詩》）裡（《禮》）存（《春秋》）遺（《易》）書（《書》）。

比較記憶法 ── 異中求同，同中求異

為了記住相似的內容往往需要對它們進行比較的區別，比較記憶法就是對相似而又不相同的識記資訊進行對比分析，弄清以致掌握住它們的差異和共同點的記憶方法。

在語文課上，老師在黑板上寫下了「己、已、巳」三個字，要求同學們在五分鐘內查出這三個字的意思並記住這三個字。五分鐘後，老師擦掉了這三個字，並叫同學起來回答自己是怎樣記憶的。

但是，大部分同學還沒有完全記住，有些同學雖然記住了，也是靠死記硬背的。這時候，老師叫到了丁晏，丁晏說：

「『己』是自己的『己』，『已』是已經的『已』，『巳』是干支次序表中的『巳』。記憶的時候，我比較了一下這三個字，發現三個字的外形很像，它們的不同之處就在封口上，於是，我就記憶為『不封口為己，半封口為已，全封口為巳…。』」

聽了丁晏的回答，老師非常高興。

在記憶過程中，往往會因為記憶資訊性質相同，或表現形式相似而發生互相混淆的現象，透過比較就可以很精確的認識各種事物的固有特點，也會了解同類事物的共同特點。

怎樣掌握比較記憶法呢？

一般來說，比較的方法主要有以下幾種：

第一，對立比較法

對立比較法就是把相互對立的事物放在一起記憶，這樣能夠形成鮮明的對比，容易在大腦中留下清晰的印象。

比如：找出要記的詞語的反義詞，將兩個詞語在比較中理解、記憶。

大方 —— 靦腆，清楚 —— 模糊，誕生 —— 逝世，清白 —— 骯髒，俯視 —— 仰望，單槍匹馬 —— 群策群力，屈指可數 —— 不勝枚舉，等等。

第二，類似比較法

即把表面上極其相似的事物放在一起記憶，雖然這些事物

表面上極其相似，但本質上卻是有差異的，放在一起記憶可以找出兩者的不同之處。

比如：用類似比較法記憶「戍」「戌」「戊」「戎」。

仔細查看這四個字可以發現，它們的區別在半包圍部分。因此，可以這樣來記憶：「戍」橫「戌」點「戊」中空，兩橫出頭就念「戎」。

第三，對照比較法

即指同類事物的不同表達方式之間的比較，是一種橫向對比。這種比較法可以把同類的資訊同時並列，在記憶過程中進行比較。

例如：等式、代數式、方程式的區別可用對照比較法來記憶：等式含有等號，代數式不含等號，方程式是含有未知數的等式。

第四，順序比較法

即指新舊知識之間的比較，是一種縱向的比較。這種比較法是在接觸新知識時，把它與頭腦中已有的知識相比較，掌握它們之間的連繫，找到它們之間的相同與不同之處。

例如：用對比法記憶「七國之亂」和「八王之亂」。

「七國之亂」與「八王之亂」都是統一國家內部的戰亂，二者的區別有以下幾點：

- 「七國之亂」發生在西漢初漢景帝時期，「八王之亂」發生在西晉初晉惠帝時期；
- 「七國之亂」是七王聯合對付朝廷，「八王之亂」是八王混戰；
- 「七國之亂」三個月內被平定，「八王之亂」歷時十六年。

【記憶小常識】

常言道「有比較才能有鑒別，才能有記憶」。透過比較來加強記憶在地理學科中應用比較普遍，即把所學的知識中相反或相近部分進行對比比較，找出異同點進行歸納，在比較中記憶。

透過比較使知識點清晰化，簡潔化。學生在記憶方面也就簡單化，從而達到知識記憶的明朗化。

【快樂小叮嚀】

嘗試運用對比記憶法記憶汽化與液化

參考記憶：

物質從液態變為氣態叫做汽化，從氣態變為液態叫做液化。液體汽化時吸熱，氣體液化時放熱。液化的方法有兩種，一種是降低溫度，另一種是加壓。

聯想記憶法 —— 與身邊事物進行連繫

美國記憶術專家哈利‧洛雷因說：「記憶的基本法則是把新的資訊聯想於已知事物。」聯想記憶法就是利用聯想把要記憶的資訊，與已知的事物連繫起來以增強記憶效果的記憶法。

一所小學裡對低年級的學生試驗一種集中識字的方法，把字形、字音相近，能互相引起聯想的字編成一組一組的，例如：把「揚、腸、場、暢、湯」放在一起記，把「情、清、請、晴、睛」放在一起記。每組國字的右邊都是相同的部首或相近字。使用這種方法後，兩年內學生認識了兩千五百個字，可閱讀一般書籍報紙。所用的時間是一般識字速度的一半，而字數卻是兩倍。

這種集中識字的方法就運用了類似聯想記憶法的道理。聯想是促進記憶的有效方式之一。利用聯想可以減少知識的枯燥感，讓記憶變得更加簡單。有一句俗語叫做：「一朝被蛇咬，十年怕草繩。」意思就是，如果一個人被毒蛇咬了一口，他很多年都難以忘記這件事情，以後再看到像蛇一樣的東西都會聯想到這個事件。所以，記憶過程中使用聯想就會達到過目不忘的效果。

怎樣進行聯想記憶呢？一般來說，聯想記憶有幾種方式：

第三章　全面掌握輕鬆記憶的最佳方法

第一，接近聯想

　　如果兩個事物在時間上或空間上有接近的關係，你就可以透過由此事物聯想到彼事物的接近聯想來促進記憶。

第二，類比聯想

　　如果兩個事物在性質上有相似性，可以透過對一件事的感知和回憶引起和它性質上相似的事物的回憶，反映事物間的相似性和共性，這種記憶法就是類比聯想記憶法。例如：把安靜、寧靜、平靜等詞語放在一起進行記憶，就屬於類比聯想記憶法。

　　在學習單字時，可以運用類比聯想法，把字形、字音相近，能互相引起聯想的字編成一組一組的，可以方便記憶。

　　比如：學習 name（名字）時，可以同時學習 fame（名聲，名譽），game（遊戲，娛樂，比賽），lame（跛的），same（相同的，同樣的），tame（馴服的，溫馴的）。

　　如果仔細觀察，就會發現這兩組單字僅僅左端一個字母不同，右邊的三個字母完全相同。運用這種方法，可同時記住多個拼寫相近的單字。

第三，對立聯想

　　許多事物往往具有對立面，如果用某一事物感知或者回憶引起與它有相反特點事物的回憶，這種記憶法就是對立聯想，

它反映了事物間的對立性。

　　例如：在語文和英語學習中，經常會把反義字集中起來對照學習，在數理化學習中，經常會把對立的公式、規律、定理收集起來記憶，這些都是對立聯想記憶法。

第四，因果聯想

　　事物總是有因有果，利用事物間的因果關係，由此事物聯想到彼事物就是因果聯想記憶。記憶數學公式、物理定律、化學反應和語法規則等均可運用因果聯想記憶法來增強識記效果。

第五，荒謬聯想

　　荒謬聯想指的是非自然的聯想，可以是誇張，也可以是謬化。例如把自己想像成外星人。在這裡，誇張，是指把需要記憶的東西進行誇張，或縮小，或放大，或增加，或減少等。謬化，是指想像得越荒謬、越離奇、越可笑，印象就越深刻。

【記憶小常識】

關於荒謬聯想的最早記載文字

　　三千多年前，古埃及人在《阿德‧海萊謬》上這樣記載：「我們每天所見到的瑣碎的、司空見慣的小事，一般情況下是記不住的。而聽到或見到的那些稀奇的、意外的、低級趣味的、醜惡的或驚人的觸犯法律的等異乎尋常的事情，

卻能長期記憶。因此，在我們身邊經常聽到、見到的事情，平時也不去注意它，然而，在少年時期所發生一些事卻記憶猶新。那些用相同的目光所看到的事物，那些平常的、司空見慣的事很容易從記憶中漏掉，而一反常態、違背常理的事情，卻能永遠銘記不忘，這是否違背常理呢？」事實上，這就是荒謬聯想的最早記載文字。

【快樂小叮嚀】

　　運用荒謬聯想記憶下面幾個片語：

1. 煙筒 —— 大海
2. 房屋 —— 狐狸
3. 螃蟹 —— 壁虎
4. 書架 —— 青蛙
5. 海馬 —— 信紙
6. 音響 —— 飛機
7. 飛碟 —— 雞蛋
8. 高山 —— 裙子

定位記憶法 —— 適用於記詞語，而不是數字

　　在西元前 5001 年左右，古希臘詩人西蒙尼特斯，有一次應邀到一場宴會演講，說到一半突然有人找，他只好離席出去瞧瞧究竟是怎麼一回事。

就在西蒙尼特斯出去不久之後，突如其來的大地震震垮了宴會場所的屋頂，裡面的賓客不但全都被壓死，而且面目全非認不出身分。

當時還沒有發達的辨識醫學，不能用牙齒、毛髮、DNA 等確認死者的身分，為了讓死者可以入土為安，這還真叫死者的親屬們煩惱。

幸好大難不死的西蒙尼特斯以獨特記憶方式解決了這個難題。

原來，為了演講時和聽眾產生良好的互動，西蒙尼特斯用了特別的定位記憶法來記住每一位賓客的名字和其所坐的位置，這讓他解決了死者親友的難題，並以此展現了他神奇的記憶力。

事實上，西蒙尼特斯是一位運用定位記憶法的高手。他在記憶演講文章時，往往把自己家的每一部分與講演的主要內容結合起來，如把講演的第一要點與正門連繫，第二要點與接待室連繫，第三要點與桌子連繫。進行講演時，按自己家中物品順序想下去，就能把演說的要點回憶出來。

定位記憶法就是借助一定的定位樁子，把所要記憶的資訊按一定的順序來記憶，從而使記憶資訊一一定位，能夠準確而有條理的再現出來。一般來說，定位記憶法比較適合記憶大量的資訊，尤其是那些需要按照一定的順序來記憶的資訊。使用

定位記憶法，可以準確而迅速的把相對應的內容回憶出來。

那麼，怎樣掌握定位記憶法呢？

第一，確定清晰的定位樁子

可以用來做定位的樁子很多，但定位樁子必須是自己非常熟悉的、順序鮮明的東西。例如：

1. 數字樁：根據一至一百的數字依次記憶。
2. 地點樁：根據自己熟悉的地點依次記憶。比如：每天必經線路的各個點：工廠、商店、市場、醫院、書店、派出所、廣場、公園等。地點樁的好處是在空間上有清晰的排列順序。比如：房間內的物體、街道店鋪、風景區的各景點等都可以作為定位的樁子。
3. 字母樁：根據二十六個英文字母的順序依次記憶。
4. 身體樁：頭髮、前額、眉毛、眼睛、鼻子、耳朵、嘴、下巴、胸口、肚子、手、腿、腳等，從上到下依次記憶。
5. 人物樁：爺爺、奶奶、爸爸、媽媽、叔叔、嬸嬸、哥哥、姐姐、弟弟、妹妹等，從長輩到晚輩，從男性至女性依次記憶。
6. 其他自己熟悉的事物：比如：家具設施（價格由高向低）：電腦、液晶電視、智慧型手機、冰箱、電鍋等。服飾（從上到下、從外到內）：帽子、口罩、圍脖、紅領巾、上衣、襯衫、背心、手套、褲子、鞋、襪子等。

第二，把記憶資訊與椿子結合

把所需要記憶的資訊透過聯想法一個一個的連結在這些已經非常熟悉的椿子上。

例如：要記憶拐杖、眼鏡、電腦、鍋、皮鞋、裙子、書本、髮圈、玩具、娃娃，可以把它們跟爺爺、奶奶、爸爸、媽媽、叔叔、嬸嬸、哥哥、姐姐、弟弟、妹妹相對應，記憶為：爺爺的拐杖、奶奶的老花眼鏡、爸爸的電腦、媽媽的鍋、叔叔的皮鞋、嬸嬸的裙子、哥哥的書本、姐姐的髮圈、弟弟的玩具、妹妹的娃娃。這樣，記憶的時候就能夠一一對應。

【記憶小常識】

古羅馬人發明了很多記憶方法，其中最著名的記憶方法就是「羅馬家居法」。

古羅馬時代，元老院的長老們演說和辯論時需要引經據典，這就需要他們記住大量的資料和典故。為了能夠幫助自己更好的記住長篇的演講稿，羅馬人學會了利用自己家裡的物品擺設。

羅馬人注意到，自己家裡的物品、家具及器皿一般都是固定在一個地方不動的，如果以它們為媒介，把需要記憶的內容與每樣物品進行一一對應，那麼，只要想起家裡的物品不就可以想起所記憶的內容了嗎？就這樣，利用「羅馬家居法」，羅馬人輕輕鬆鬆的記住了所要記憶的內容，而且連順

序都不會搞亂。

實際上，「羅馬家居法」就是定位記憶法。

【快樂小叮嚀】

嘗試運用定位記憶法來記憶下列事物：

衛生紙、筷子、電腦、蘋果、書本、錢包、青菜、垃圾桶、衣架、肥皂、手機、鑰匙、鏡子。

圖像記憶法 —— 適用於記詞語，而不是數字

一位薛燕老師曾經發表過這樣一篇文章：

朱自清的《春》第三段是這麼寫的：「小草偷偷的從土裡鑽出來，嫩嫩的，綠綠的。園子裡，田野裡，瞧去，一大片一大片滿是的。坐著，躺著，打兩個滾，踢幾腳球，賽幾趟跑，捉幾回迷藏。風輕悄悄的，草軟綿綿的。」我看到一個國一的同學，拿著一張紙，兩分鐘就把這六十五個字的段落背得滾瓜爛熟。

我請這個同學解釋，他笑吟吟的說：「我畫的小草攔腰有一條橫線，代表課文中的一句『小草偷偷的從土裡鑽出來』。為什麼兩棵呢？因為這句後面有兩個詞『嫩嫩的，綠綠的』。那大小兩個圓圈代表書中『園子裡，田野裡』，看著圓圈就會想到『瞧去，一大片一大片滿是的』。」下面那幾個符號，他一一指著向

我說明，「坐著，躺著，打兩個滾（兩圓圈），踢幾腳球，賽幾趟跑，捉幾回迷藏。」他又指著右邊的斜線說：「這代表『風輕悄悄的』，『風』下彎著的小草代表『草軟綿綿的』。」

薛燕老師提到的這個學生就是採用了畫圖記憶法，他讀著描景狀物的文章，對文章進行了豐富的想像，並把這種想像以自己的符號給畫出來，這樣就大大方便了記憶，提高了記憶效果。

那麼，我們如何進行圖像記憶呢？

一般來說，圖像記憶有四個步驟：

第一步：圖像轉化

用畫畫幫助記憶最重要的是如何用圖像去表現要記憶的內容。這對於初學圖像記憶法的人來說有一定的困難。因為這需要你去思考怎樣把需要記憶的內容轉化成為讓自己印象深刻的圖像，然後再對圖像進行聯想，讓自己一看到圖像就能夠想到那些需要記憶的內容。

因此，我們要思考如何把需要記憶的內容轉化為形象具體的圖像來記憶。比如：要記憶「蘋果」這個詞語或者「apple」這個英文單字時，如果發揮自己的想像力，在腦海中想像出一個具體的蘋果的圖像，這對於我們的記憶有很大的促進作用。

第二步：圖像聯結

圖像聯結就是把原來相互獨立的各個圖像，運用聯想的方法聯結在一起。

比如：「小狗」和「電梯」，透過圖像轉化成為兩張具體形象的圖片後，可以運用聯想的方法把這兩個圖像聯結起來。

「一隻小狗穿著可愛的衣服，學著人的樣子走進電梯，並按下電梯開關從一樓到了頂樓。」這樣，兩個記憶內容透過圖像聯結連在一起了。如果需要記憶更多的內容，可以不斷的運用圖像聯結的方法串聯起來。

第三步：圖像簡化

圖像簡化就是把原本雜亂無章的圖像，按照一定的順序或者一定的邏輯整理成一連串容易記憶的畫面。

第四步：圖像定樁

圖像定樁就是透過定樁法來記憶內容複雜的資訊。常用的樁子類型包括：數字樁、地點樁、身體樁、人物樁、字母樁、語句樁等。

【記憶小常識】

圖像記憶是目前最合乎人類的大腦運作模式的記憶法，

它可以讓人瞬間記憶上千個電話號碼，而且可是持久達一個星期之久而不會忘。

【快樂小叮嚀】

畫圖像的時候，可以根據知識的內容來畫，比如寫景的，就畫個景色；表示時間的，畫個日曆；表現心情的，畫個表情等。進行圖像轉化的時候，圖像要簡單而誇張。簡單的圖像容易讓人記住需要記憶的內容，複雜的圖像則容易讓人在記憶的時候找不到記憶的目標。

誇張的圖像主要是為了加強記憶的效果，過於普通的圖像則不太容易讓人記住。

對於內容比較多的，可以運用不同顏色的筆來畫，這樣印象會更深刻。

概括記憶法 ── 精簡資訊，抓住關鍵

著名數學家在學習過程中總結出了一種很有效的記憶方法。他說：「做學問要打好基礎，對一些基礎性的東西，要學得深透，就要經過『從薄到厚，從厚到薄』這兩個過程。」這種方法其實就是概括記憶法。概括可以減少記憶資訊的內容，降低記憶的難度。

有一次，猶太學者海歇爾拉比向弟子借了一本非常珍貴的

書，三天後，他就很有禮貌的把書還給了弟子。他的弟子非常意外的問海歇爾拉比：「您這麼短的時間就讀完了？」

海歇爾拉比說：「非常感謝你，我已經全部背完了。」

原來，海歇爾拉比已經在短短的三天內，熟讀了整本書的內容，並透過自己的理解和概括，把整本書的內容都背誦下來了。

接下來，海歇爾拉比就可以根據自己記住的要點去延伸理解其他的內容。

那麼，我們怎樣學會概括記憶法呢？一般來說，概括有幾種方式，你只要學會了下列概括的方法，就可以使記憶變得更加容易。

第一，主題概括

不管是什麼資訊，都有自己的主題，只要你提煉、概括出資訊的主題思想，記憶起來就非常容易。

例如：亞佛加厥常數：「在相同的溫度和壓強下，相同體積的任何氣體都含有相同數目的分子。」我們可以把定律歸納為四同：即在同溫、同壓條件下，同體積的氣體含有相同的分子數。進一步縮記為：同壓、同溫、同體、同分。

第二，內容概括

一篇文章、一本書主要講了什麼，這並不要求你把所有的

內容全部記下來，只要你能夠在記憶當中對其主要內容有印象就可以了。

在記憶當中也是，如果長篇的內容無法記住，不妨先概括出主要內容，接著記憶主要內容，然後再根據主要內容就能夠記住全部的內容了。

第三，名稱概括

對一些較長的詞語、名稱、概念進行高度簡化，識記起來就非常方便了。比如臺北市、新北市、基隆市，簡化稱為北北基，桃園、新竹、苗栗，簡化稱為桃竹苗。

當然，抓住關鍵字並不是簡單的簡化地名，因為那樣的簡化也不能達到趣味記憶的效果。

第四，數字概括

用數字來概括識記資訊是非常常用的。如「五講四美三熱愛」、「四項基本原則」等

第五，特點概括

把需要記憶的內容進行概括和歸納，找出它們的特點來記憶。例如：用歸納概括法記憶某些國家的特點。

1. 都市島國 —— 新加坡。
2. 千島之國 —— 印尼。

3.　千湖之國 —— 芬蘭。

4.　國中之國 —— 梵蒂岡。

5.　可可王國 —— 象牙海岸。

6.　咖啡王國 —— 巴西。

7.　香蕉王國 —— 瓜地馬拉。

8.　天然橡膠和錫的王國 —— 馬來西亞。

9.　楓樹之國 —— 加拿大。

10.　仙人掌國 —— 墨西哥。

11.　銅礦之國 —— 智利。

12.　鐘錶王國 —— 瑞士。

第六，順序概括

　　把記憶資訊按照原來的順序進行概括，這樣記憶的時候就可以突出記憶資訊的順序性。

　　比如：「王安石變法」的內容是：青苗法，募役法，農田水利法，方田均稅法，保甲法。這時，可以這樣概括記憶為：一青二募三農四方五保。

【記憶小常識】

　　概括記憶法是十分符合心理學原理和客觀事物發展規律的。

　　首先，概括需要積極的思維活動。只有經過充分的思考研究，才能把事物的精華提煉出來，這正如製作壓縮餅乾

一樣。在簡化和提煉過程中，我們對資訊的認識就會不斷提高，理解逐步加深，使自己站在抽象思維的高度上去大方向掌握資訊。這種概括後的資訊堪稱知識的結晶體，它言簡意賅，容易與頭腦中原有的知識經驗相掛聯，因此也宜於記憶。

其次，概括需要辛勤的篩選勞動。只有經過認真的篩選，才能把同類事情的精華提煉出來，正如沙裡淘金、花中採蜜一樣。很多識記資訊內容龐雜，篇幅綿長，一一記住實在沒有必要。如果對其刪繁就簡，擇精選萃，使知識在數量上大幅度減少，就會大大減輕記憶的負擔，顯著的提高記憶的效果。

【快樂小叮嚀】

你在進行概括時需要加入自己的積極思考。因為只有經過充分思考，才能把事物的精華提煉出來。在簡化和提煉過程中，你對資訊的認識提高了，理解加深了，容易與頭腦中原有的知識結構相結合，不易遺忘。同時，概括時盡量抓住關鍵的內容，減少無用的內容，這樣才能有效發揮概括記憶的作用。

分類記憶法 —— 有條不紊，規律記憶

為了便於記憶，我們往往會將電話號碼、各種卡號、甚至

購物單等進行詳細分類。分類記憶法就是在理解的基礎之上把所記憶內容按照其性質、特徵、內部連繫的不同分門別類，進行記憶。事實上，這種分類記憶的訣竅是人類與生俱來的一種本能。

如果我們仔細觀察，就會發現在我們的生活中，隨處可見分類記憶的運用。例如：

在藥局裡，我們會發現，醫生可以很快在上千種藥物中找到我們要買的藥；

在商店裡，如果我們知道自己想要買什麼，就能夠根據商店中物品擺放的位置快速找到自己想要買的東西；

上網時，我們只需要輸入幾個關鍵字，就能夠找到相關的一系列資訊。

這些都是因為有所分類，才能給我們的生活帶來諸多的方便，同樣的道理，運用分類記憶法也能夠幫助我們快速的記憶。因此，我們要充分發揮自己的分類能力：

第一，自己積極主動去分類

別人分類好的東西肯定沒有自己分類的東西記憶效果好。為什麼？因為自己分類是一種主動的記憶，別人分類則是一種被動的記憶。如果將要記憶的事物，由自己親自加以整理和分類，將相似的事物置於同類的一組。如此一來，只要想起其中

一類，每一類中的各個事物就能一個接一個的記起。

　　一般來說，分類記憶對於那些雜亂無章的內容是非常有用的，也許有些人會認為分類時花費的時間太多，其實，分類確實要花時間，但相對於一個一個記憶所花的時間來說，分類所花的時間是很少的。而且，在分類的過程中記憶就已經開始了。

第二，確定好分類的標準

　　同樣的內容怎麼分類才能幫助記憶也是很有講究的。分組的標準並不是只能有一個，可依其機能、構造、性質、大小、顏色、輕重、存在場所、時代等來劃分。如果是人的話，可依性別、年齡、籍貫、畢業學校或 ABC 的字母順序來劃分。

　　面對記憶資訊，首先要確定好分類的標準，即怎麼去分。

　　比如：花生、蘋果、白菜、馬鈴薯、香蕉、西瓜、茄子、橘子、冬瓜和桃子十個詞語，可以按照性質把它們分成兩組，即蔬菜和水果。只有先想好分類的標準，分類才會簡單，記憶才會更方便。

第三，確定好組數和個數

　　為便於記憶，分為多少個組，每個組內的個數有多少都必須適當，不要太多也不要過少。組數太多，記憶不易；組數過少，組內個數相對增加，也不易記。同時，分組時也要注意，每組的個數相差太多也不好。

心理學家研究表明，每個「組塊」應在五至九個為宜。比如：花生、魚、蘋果、白菜、雞肉、馬鈴薯、螃蟹、香蕉、西瓜、羊肉、茄子、橘子、冬瓜和桃子十四個詞語，如果按性質可以分為蔬菜、水果、海鮮和肉類，由於海鮮和肉類的個數都只有兩個，我們可以分為三類，即蔬菜、水果和肉類。

第四，做好特殊類型的處理

有時候會出現這樣的情況：總有一個是很難分類的，往往是既不屬於這組，也不屬於那一組，編入任何組都不恰當。這時，不必勉強非把它歸進某一類，或拼命的尋找它和其他事物的共同性，只須將其單獨列為一類就可以了。如花生、蘋果、白菜、雞肉、馬鈴薯、香蕉、西瓜、茄子、橘子、冬瓜和桃子十一個詞語中，就是雞肉無法歸入其他兩類中，因此可以單獨列一類。

【記憶小常識】

美國約翰斯‧霍普金斯大學的科學家發現，孩子從小就能像成年人一樣，透過實物分組的技巧，記住更多的玩具。

研究人員對十四個月大的孩子進行了記憶測試，讓他們對不同的玩具進行記憶，結果發現，即使沒有人教，孩子為了記住和找到自己喜歡的玩具，都會利用空間分組，以增加短期內記憶的內容。如果將玩具分組，這些孩子會更容易的

記起哪些玩具被藏了起來，記憶的玩具數量也更多。

【快樂小叮嚀】

　　嘗試運用分類記憶法來記憶下面的詞語：

　　醫生、白、東、兄弟、紅、教師、藍、護士、學生、綠、工人、南、叔叔、西、父母、北、黑、姐妹、黃、農民、阿姨。

　　參考記憶：

　　根據這些詞語的特性，可以把它們分為以下幾類：

　　顏色：白、紅、藍、綠、黑、黃。

　　職業：醫生、教師、護士、學生、工人、農民。

　　方向：東、南、西、北。

　　親戚：兄弟、叔叔、父母、姐妹、阿姨。

列表記憶法 ── 提綱挈領學習知識，一目了然記憶重點

　　清單記憶法是把需要記憶的內容集中起來，進行一定的整理、分析和概括，然後把重點內容排列成表以幫助記憶的一種學習方法。

　　馬克·吐溫背誦自己的演講稿時，總是找一張圖來，把文章中的一些詞在圖上點來點去，最後捏著圖，來回踱步，嘴裡

念念有詞，不用多時臉上便顯出喜色。一篇又長又複雜的演講稿就這樣記住了。

列表的類型很多，總的來說有下列幾種：

第一，一覽表

一覽表就是站在全面的角度，對需要記憶的內容進行整理，以掌握其相互關係，便於全面記憶的一種表格。

例如：把歷朝開國皇帝做成一覽表如下：

- 秦朝 —— 秦始皇嬴政。
- 西漢 —— 漢高祖劉邦。
- 東漢 —— 光武帝劉秀。
- 西晉 —— 晉武帝司馬炎。
- 東晉 —— 晉元帝司馬睿。
- 隋朝 —— 隋文帝楊堅。
- 唐朝 —— 唐高祖李淵。
- 宋朝 —— 宋太祖趙匡胤。
- 遼代 —— 遼太祖耶律阿保機。
- 金代 —— 金太祖完顏阿骨打。
- 元朝 —— 元世祖忽必烈。
- 明朝 —— 明太祖朱元璋。
- 清朝 —— 清太宗皇太極。

第二，比較表

比較表就是對需要記憶的內容進行比較和分類，掌握各種記憶內容的特點以幫助記憶的一種表格。

比如：用比較表記憶形體相關聯的字：

1. 馬（篤、罵）、烏（嗚）、鳥、鳴、雞、鴨、鵝、鳩、鵲、鵬、鳶、鴛、鴦……
2. 口、日、曰（白、百）、田（畝、苗）、甲（呷）、由、申（坤、伸、押、呻）、電……
3. 艮、良、狼、狠……
4. 甬、俑、蛹、踴、桶、痛、勇……
5. 乜、也、他、池、地、馳、弛……

第三，統計表

統計表就是把帶有資料的記憶內容製成表格，方便自己更好的記憶這些資料。

統計表的內容一般都包括總標題、橫標題、縱標題、數字資料、單位、製表日期等。

總標題是指表的名稱，它要能簡單扼要的反映出表的主要內容；橫標題是指每一橫行內資料的意義；縱標題是指每一縱欄內資料的意義；數字資料是指各空格內按要求填寫的數字；單位是指表格裡資料的計量單位。

第四，關係表

關係表就是用簡單的圖式把需要記憶的內容之間的關係表示出來，以便於形象記憶的一種圖表。

例如：親戚稱呼可以製作成關係表如下：

(1) 直系血親

1. 父系

曾曾祖父 —— 曾祖父 —— 祖父 —— 父親

曾曾祖母 —— 曾祖母 —— 祖母 —— 父親

2. 母系

曾曾外祖父 —— 曾外祖父 —— 外祖父 —— 母親

曾曾外祖母 —— 曾外祖母 —— 外祖母 —— 母親

兒子：夫妻間男性的第一子代。

女兒：夫妻間女性的第一子代。

孫：夫妻間的第二子代，依性別又分孫子、孫女。有時，孫子是一種不分性別的稱呼。

曾孫：夫妻間的第三子代。

玄孫：夫妻間的第四子代。

(2) 旁系血親

1. 父系

伯：父親的兄長，也稱伯伯、伯父。

大媽：大伯的妻子。

叔：父親的弟，也稱叔叔、叔父。

嬸：叔叔的妻子。

姑：父親的姊妹，也稱姑姑、姑母。

姑夫：姑姑的丈夫。

2. 母系

舅：母親的兄弟，也稱舅舅。

舅媽：舅舅的妻子。

姨：母親的姐妹，也稱阿姨、姨媽。

姨夫：姨的丈夫。

（3）姻親

丈夫：結婚的女人對自己伴侶的稱呼。

媳婦：結婚的男人對自己伴侶的稱呼。

公公：丈夫的父親，也直稱爸爸。

婆婆：丈夫的母親，也直稱媽媽。

丈人、岳父：妻子的父親，也直稱爸爸。

丈母娘、岳母：妻子的母親，也直稱媽媽。

兒媳：對兒子的妻子的稱呼。

女婿：對女兒的丈夫的稱呼。

嫂子：對兄長妻子的稱呼。

弟妹、弟媳：對弟弟妻子的稱呼。

姐夫：對姐姐丈夫的稱呼。

妹夫：對妹妹丈夫的稱呼。

妯娌：兄弟的妻子間互相間的稱呼或合稱。

連襟：姐妹的丈夫間互相間的稱呼或合稱，也稱襟兄弟。

大姑子：對丈夫的姐姐的稱呼。

小姑子：對丈夫的妹妹的稱呼。

大舅子：對妻子的哥哥的稱呼。

小舅子：對妻子的弟弟的稱呼。

第五，示意圖

示意圖就是把需要記憶的內容圖畫化，以加強自己的形象記憶。當然，畫圖時線條要簡潔，立意要新穎，最好用不同顏色的筆來表示。網路有許多相關親戚稱謂關係圖表的示意圖，可以上網搜尋參考。

【記憶小常識】

列表記憶法以列表的形式把相關的資訊進行對比或對照，從而記憶其特點和資訊之間的連繫的記憶方法。列表記憶法的主要特點是條理清楚，一目了然。

列表記憶法是幫助我們將識記資訊恰當儲存、方便提取的一種好形式。它可以提綱挈領的表列事物，還可以顯示相關資訊的各自特點，便於進行比較分析，加強理解和記憶。

運用列表記憶法不必專門去死記硬背，因為往往一張圖表整理出來，腦子已形成深刻的印記。

【快樂小叮嚀】

使用列表記憶法的注意事項：

其一，當我們把單字放到表格中去記憶時，完全是為了使單字條理化。因此，我們在把單字列入表格之前必須對這些詞進行一番整理，使它們具有某種連繫，或詞形相近，或語法作用一致，或與某些詞語搭配相似等等。總之，嚴禁把單字拿過來雜亂無章的堆砌，給記憶帶來麻煩。

其二，設列表格要以實用為出發點。不必搞繁瑣哲學。不要就表格而畫表格，只圖表格的規範化，白花許多時間。

名字和臉孔記憶法 —— 形象與抽象相結合

美國前總統柯林頓在他還是大學生的時候，就有一個習慣，就是他會把每一個他見過的人的名字都記下來。他把這些人的名字做成資料卡，經常性的打電話或是寫信給他們。包括他們談話的內容，他都會記錄下來，並且保存好。當他當選阿肯色州州長的時候，他已經認識一萬以上的人。這對後來柯林頓當選美國總統發揮了不可磨滅的作用。

認識一萬個人並不是一件容易的事情，這需要很強的記憶

力。也許大家會認為記住一個人很容易，只需要幾分鐘甚至是幾秒鐘的時間，可如果讓你把這個人記住五年甚至是十年，如果再把一個人增加至五個人，而這五個人又不是你每天都能夠看到，每天都會連繫的人，相信很多人都會認為這是一件很難辦到的事情了。

你是否有過嘗試記住一個人的名字卻徒勞無功的經歷？是否有好多次，你和一個熟悉的人擦肩而過，卻無法想起他是誰？或者遇到了不久前剛認識的一個人，但是你卻怎麼也想不起他的名字？有時候這些情況非常讓人尷尬，而這並不是不可避免的，以下是幾點實用的建議。

第一，借助心理圖像

我們要學會將資訊同可視的圖像連繫起來。複雜的資訊可以被轉換成圖片或圖表，具體的圖像比抽象的觀點和理念更令人難忘。不要吝嗇運用你的思維之眼，形象化程度越高，通常就越有用。如果要記住有關其他人的資訊，用形象化的策略就特別管用，因為我們對他人的了解是透過看他們獲得的。

可視的圖像對記住人名（尤其是外國人名）非常有幫助。你可能會注意到自己能記住更加具體和形象化的人名，如蘋果（聽上去是一種水果）。然而，大多數名字要抽象得多，這就是我們為什麼都不善於記住它們的原因。在這些情況下，試一下

將名字同有意義的可視圖像連繫起來。

現在，來試一下「名字—臉孔」記憶法吧。

首先，找出一個與名字相對應的替代詞；

然後重複記憶臉部特徵（例如：一雙小眼睛）；

構建一個包含這兩個要素的心理圖像。

當你再次見到這個人時，他的臉部的代表性特徵（一雙小眼睛）將啟動與他的名字相關的心理圖像。當然，這一想像過程他是不會知道的！

第二，利用發音進行記憶

在一次工作會議中，為了記住工作組其他成員的名字，我們可以將每個人的第一印象與他們的名字連繫在一起：王小明有個大鼻子，李婉君的臉蛋紅得像個番茄，林心儀很漂亮，陳建明很健談……

有時候，我們可以透過一個熟悉的發音來幫助記憶人名。剛介紹給你的一個人可能與你認識的某個人擁有相同或相似發音的名字，或者他的姓氏讓你想起某個名人或某個縣市。

第三，透過不斷重複增強記憶

如果你忘記了某個人的名字，可以要求他再說一遍。你還可以透過將他們的名字用於你的對話中來牢記他們的名字（例如：「告訴我，王丹丹，你對這種情況有什麼認識？」），或者

113

問問他們的名字有何淵源。當你告別同伴時，再叫一次他的名字（例如：「很高興能認識你，周曉西，我希望我日後還能見到你。」）。在你進行下一個對話之前，暫時停頓一下，在內心重溫一下你想記起這個人的哪些事。如果你某天見到了很多人，你可能希望在口袋中放一張卡片，以便記下人名及他們的顯著特徵。

不斷重複能夠保證名字或臉孔更好的「駐紮」在記憶中。因此，嘗試時常回想，最初頻繁些，隨著時間的流逝再逐漸拉長回憶的間隔。這樣，你會發現分散記憶和間隔回憶的效應。

第四，找到線索並牢記背景

當回想某個人的名字時，你可以嘗試彙集所有你能夠想到的線索，以這種方式你將快速開啟回憶之門。

（1）首字母線索

從回想一遍字母表的所有字母開始，來找出名字的第一個字母。尤其是外國人名，第一個字母往往能提供有利的線索。例如：「Antoine Bechart」這個人名的每個單字的第一個字母正好是字母表中最前面的那兩個。

（2）背景環境

擁有越多的關於某人及與其相識的背景資訊，將越容易想起他的名字。事實上，對背景的回憶將幫助你給這個人「定

位」，例如他所從事的職業、某些性格特徵等。無論是親屬還是大眾人物的名字，如果在不同的元素之間建立連繫，將更容易記憶，例如將與一個人的對話內容和他的名字連繫在一起。如果在閱讀完一本書後，與其他人進行了討論，這本書的作者就不會輕易被忘記。

第五，將重要的東西歸檔

一旦你記牢了別人的名字和臉孔，你就需要編碼你在哪裡遇到的他們或者是其他相關的事情。這樣做可將人名與其他資訊相綜合。例如：我在體育館遇到許芳，而她卻想去外面享樂。這樣，我就透過想像一個瘦小的球童正攙扶著一個看上去有一百公斤重的婦女來加深對這些資訊的印象，她穿著一件運動服而且快樂得快要昏死過去。也許，這並不是最好的形象，但它卻可能是容易記住的形象。如果你的想像與我的想像相似，當人們問到「你是怎麼想到我那些事的」時，建議你不要與他人想成一樣的。

【記憶小常識】

職業面相學家的祕密

在視覺記憶領域，職業面相學家具有令人驚奇的記憶能力。有些人在賭場工作，負責監督和辨認那些違反遊戲規則的客人。有些人在足球賽的時候，幫助維護治安，找出具有

暴力傾向的人；有些人透過臉孔就能記住一個人，甚至十年二十年以後，可以建立一個五千到一萬人的臉孔「資料庫」！這是怎麼做到的呢？其實，他們並不是直接記憶的，而是需要幾分鐘的超強度注意力才能記住每張臉的特徵。

　　為了保證有效的記憶，過目不忘的人會借助於細節或某些跡象。因此，一張沒有什麼特徵的「普通」臉孔將較難被記住。

【快樂小叮嚀】

　　教你運用你的記性去牢記別人的名字。

1. 開始對自己說：「我有世界上最好的記性，可以牢記很多名字！」不要老是告訴自己你記不得別人的名字。不要害怕你會忘記，也不要害怕你會叫錯別人的名字。只要你消除心中對名字的猶疑和恐懼，你就能發揮記憶的能力。

2. 想像記住名字會獲得獎勵：你想要記住很多名字嗎？如果有人告訴你每記得一個人的名字就給你一百美元，你覺得很困難嗎？你可能會急不可待的查出你所遇見每個陌生人的名字，並牢牢記住以便累積賞金！

3. 問清楚正確的名字：別人會很樂意聽到你提出如下的問題：「可否請你再說一遍你的名字？」、「你的名字怎麼拼寫？」、「你的名字我叫得對不對？」記住，別人的名字永遠是最好聽的！你儘管叫他的名字！不要不好意思問清楚別人的名字。

4. 馬上重複念三次這個人的名字：在第一個小時內，就可以測驗出你是否記得它。當你聽到一個名字時，馬上至少重複念三次以便加深印象，然後盡可能將它和你熟悉的影像或事物聯想在一起。凡是你和這個人相遇的地方，和這個名字有關的事物，和你心中對這個名字的「影像」，都能幫助你記得一個人的名字。

5. 把它寫下來：睡覺之前，你不妨將今天你所遇見的新臉孔的名字寫下來。如果你有日記簿，日記本或桌曆，你不妨將這些名字摘記在上面。你最好將自己所認識的團體建一個檔案，然後將名字分類記在檔案上。每次當你要參加任何一個團體的活動之前，就先快速的複習一下他們的名字。這麼一來，你當然會漸漸熟悉這個人，進而容易記得他的名字。

習慣記憶法 ── 利用慣性思維，記憶效果更佳

對於一些朋友來說，最好的學習方法就是實踐。相對於看一大堆的書來說，他們往往能從實踐中學到更多的東西。這個記憶技巧是建立在動手的基礎上的，我們稱之為「動覺」。

王先生小的時候，他所就讀的學校就非常注重學生是否能準確的帶書本和其他教學輔助設備來上課。通常「對不起」、「我忘了」的藉口是行不通的。

第三章　全面掌握輕鬆記憶的最佳方法

那麼，王先生是怎樣避免出現這些錯誤的呢？他培養自己養成一種整理書包的例行習慣，非常複雜，但是的確很有作用。他不僅僅為每件要帶的物品規定擺放的位置，而且還要按順序將它們放進書包。

這樣做他就不可能忘記任何的東西，一旦發現擺放的過程有差異，他就能察覺可能忽視了哪個物品。

當我們有重要的事時，為了確保它能按部就班的執行，就該使它成為例行之事。

記憶有順序的事物時（比如電話號碼），你在記憶的同時需要時刻改變它們的順序。如果你沒有改變順序，很有可能就會陷入順序的圈套。你可能要重複所有的號碼才能想起其中的一個號碼。所以在記憶的時候要經常變換順序，別讓機械的順序干擾你的記憶。

劉麗有一種例行的習慣。她每次逛超市幾乎都是同一路線、行程。她每個星期可能都會多買或少買一些東西，因此，購買的物品可能會有改動（比如不用每個星期都買筆記本）。一旦固定了購買的清單，就不用再去想它，可以注意一些別的以往不會買的東西（例如這個星期可能會買一些紅酒代替啤酒）。

你也可以將這樣的例行習慣運用到別的地方，不僅僅是在超市。例行的習慣能防止你忘記重要的事情。一些朋友可能會認為，購物要按照例行的規定會很單調和機械。為了防止單

調，王麗在最後也會關心一些有趣的物品（比如衣服、光碟等），在空閒的時間就可以逛逛這些商品。

不要否認例行習慣這一記憶方式。它既輕鬆又能幫助你準確無誤的記憶非常複雜的資訊。想想你是怎樣駕駛汽車的？你是不是會有意識的想：剎車，減速，換擋，查看後視鏡和汽車邊距？當然不會。其實一旦你上了車，所有的程序都變得很自然。不管路上的情況怎樣，以往開車的經驗習慣都會教你準確的處理。只有在遇到了意外的情況，你可能會不知所措，因為之前沒有碰到過。

【記憶小常識】

軍隊教人做事常與數字相關，這方法很奏效，也是例行習慣的一種實際表現。部隊怎樣才能教會一個年輕人（也許不太聰明）去拆卸複雜的裝置，比如機關槍，或是出故障的零件，然後讓他安裝回原樣，不遺失任何一個小零件？那就是牢記過程。一旦他學會了使用數字的方式，他就不會忘記其中一個有序號的過程，哪怕是在火災現場或是非常緊張的狀態下。

【快樂小叮嚀】

養成背誦的好習慣，有利於增進記憶力

你在看書和學習中甚至是休閒時會經常背誦一些成語佳

119

句、詩歌短文、數理公式、外文單字和技術要領知識嗎？那可是鍛鍊記憶力的「硬功夫」。馬克思青年時就是用不熟練的外文背誦詩歌，鍛鍊自己的記憶力的。每天堅持十至二十分鐘的背誦，也能增進記憶力。

數字記憶法 —— 簡單省事，效率高

增進對數字的記憶力，這真的可能嗎？這個問題的答案是肯定的。

卡內基 - 邁農大學所做的一項研究顯示，人的確能夠透過練習增進對數字的記憶。在實驗開始時，這個主題 —— 一個普通的學生能夠一下子回憶起將近六個阿拉伯數字。經過幾週的練習之後，他在一定程度上有所進步，在實驗的尾聲 —— 十八個月之後，他可以給研究人員複述將近八十四個阿拉伯數字。猜猜他是怎樣完成這項任務的。

透過將這些數字與他已存的知識基礎連繫在一起，你就會得出答案。在這個案例中，就要像他一樣如一個殷切的越野賽跑者與時間賽跑。學生們記憶的增進不僅僅是練習的結果，研究人員說：「成功在於他能透過聯想將這些數字變成有意義的圖案來提醒他。」

每個人的一生都要與數字打交道。想想對你特別有意義的

數字，一旦你認定它們，開始把它們用於聯想記憶的目的。很快你就會發現你自己就在每天使用這些簡單的技巧。以下幾個例子中的數字可能是你已經牢記在心的重要數字，我們僅僅列舉出來，對你予以提示，以更好的讓你透過數字記憶法來進行知識的累積和消化。

- 生日（你的生日、配偶的生日、好友的生日、孩子的生日、親屬的生日）
- 週年紀念日（你的紀念日、父母的紀念日、兄弟姐妹的紀念日等）
- 重要的年分（高中畢業、結婚、工作成績、戰爭、歷史中的一些重要年分等）
- 高爾夫球得分、保齡球得分或其他與自己最喜歡的運動有關的得分
- 駕駛執照的號碼
- 身分證號碼
- 帳戶號碼
- 金融卡的密碼
- 車牌號碼
- 你的幸運數字
- 公路或國道
- 體育資料（運動員的比賽得分、參加年分等）
- 與愛好或你的收藏相關的數字（古董、硬幣等）

- ．　號碼鎖的數字
- ．　街道地址、郵遞區號、電話號碼、LINE 的 ID 帳號

【記憶小常識】

為什麼說數字記憶訓練是最重要的項目呢？這有幾個原因：

第一，數字記憶訓練是世界通用的。阿拉伯數字全世界都一樣，不分國家和地域。

第二，數字是日常生活、學習和工作中很常見的內容，每個人都少不了要經常記一些數字資料。透過數字記憶訓練，能讓我們在記憶數字資料的時候更輕鬆、更高效。

第三，透過數字記憶訓練，對中文詞語的記憶訓練也有很大幫助。因為數字編碼本身就是中文詞語。在記憶數字的時候，其實也就相當於在記憶中文詞語。

第四，也是最重要的，數字記憶訓練，能不斷挑戰我們的記憶速度極限，讓我們在高速的清晰想像之中保持高度專注的狀態，這對全面提高我們的學習能力，甚至對深入開發腦潛能，都有很大的幫助。

【快樂小叮嚀】

練習使用以前牢記的單個數字，或是各種不同的數字，以便於迅速的與新的數字相連繫。你越是依賴這套系統，它也就變得越可靠、越成習慣。你所做的只是用某個有意思的

東西取代抽象的東西。如果是一長串數字，那就把它分割成四部分或更少的部分。一串十一位的數字，你就會形成聽覺聯想，如同音詞、韻律。

複述記憶法 —— 反覆學習，牢固掌握

在二年級一班的語文課上，每天都有兩分鐘的講故事時間，在這兩分鐘裡，每天都會有一名學生到講臺上講一個自己聽來的故事。

一個學期下來，老師發現張寧寧的講的故事不但內容完整，而且情節很豐富。除此之外，張寧寧的記憶力非常好，這對於一個二年級的小學生來說，是一件極不容易做到的事情。在一次家長會上，老師把情況反映給了張寧寧的媽媽。寧寧的媽媽沒有想到自己無意中的舉動，竟然讓寧寧練就這樣的好記憶，

原來在寧寧很小的時候，母女二人就經常相互講故事，每次媽媽給寧寧講過故事之後，都會讓寧寧講一個故事給自己聽。通常寧寧都會把媽媽講過的故事再講一遍。開始的時候並不是很完整，語言有些顛三倒四，漸漸的越來越流利，有時候還會加入自己想法。

似乎人人都知道複述記憶是最基本的記憶方法，不斷重複

第三章　全面掌握輕鬆記憶的最佳方法

資訊能夠在你的大腦中留下短暫的記憶，但很快就會被遺忘。不過要是記電話號碼，這不失為一個好方法。

複述法並不是唯一的記憶技巧，如果將它和別的技巧相結合，那麼它能發揮得很好；如果僅僅單獨使用，那麼它只能暫時奏效。

第一，組合法

組合法即將一個新數字與一個毫無困難就能出現在腦海中的數字連繫起來。例如：對許多人來說，各地區的區號是再熟悉不過的數字，因此可以把它們作為參照去記憶其他的數字。

另一種是連繫個人的經歷或熟悉的文化知識記憶數字，比如連繫自己的出生日期、年齡、主要人生大事發生的時間等。

第二，數學邏輯法

記憶較長的數字時，我們經常將它們成對分組。另外，還可以利用一些簡單的數學邏輯和搭配來記憶數字。

下面的例子將向你展示完全不需要成為心算冠軍，或者從學院出來就能應用的方法。

- 11444：數字 11 乘以 4 得到 44。
- 97531：這是 5 個倒著數的奇數。
- 154590：15 乘以 3 得到 45，15 乘以 6 得到 90。另外，這些數字也讓我們想起「刻鐘」。

【記憶小常識】

　　現在我們來讀：0795634，重複幾次。如果你多重複幾次，你會發現你已經能夠記住它，但是沒過多久就忘了。如果不用別的方式重新記憶，不知道明天的這個時候你是否還記得這串數字。不過沒關係，有一些東西我們確實不用長時間的去記住。如果你看到一個號碼，只要在撥打前的一段時間內記住它，那麼你就可以用重複敘述的方法記憶。但是如果你碰到了心儀的人，當她（他）給你電話號碼或加 LINE 時，用這個方法記憶就不太保險了。

【快樂小叮嚀】

　　嘗試記住以下日期，每個日期可以同時借助多種方法記憶。

- 1969 年 7 月 21 日，人類第一次登上月球。
- 1991 年 1 月 15 日，波斯灣戰爭的第一次夜間空襲。
- 1963 年 11 月 22 日，美國甘迺迪總統在達拉斯被刺殺。
- 1998 年 7 月 12 日，法國贏得世界盃足球賽冠軍。

頓悟記憶法 —— 喚醒孩子沉睡的記憶

　　我們大多都有過這樣的體驗：在大街上聽到一個熟悉的聲音喊自己的名字，一看是自己的中學同學，但是卻怎麼也想

不起來他的名字。沒見到他的時候，他的名字幾乎能夠脫口而出，這時卻停在舌尖上，無法轉化成語言符號。

科學家把這種「幾乎有了」而「實則沒有」的現象，稱做TOT現象。指人們想要說某個詞時，卻無法正確提取該詞的一種狀態，俗稱「卡彈」，也可以譯為「舌尖現象」或「詞在唇邊現象」。

在生活中，這種現象比比皆是，甚至有一個學者在向別人介紹自己的妻子時，竟一時想不起來與自己朝夕相處的妻子叫什麼名字，最終不得不請教他人。著名的哲學家金岳霖先生也曾遭遇過這樣的現象，而且他忘記的竟是自己的名字。

那是發生在 1930 年代的一件事。有一次他打電話給陶姓先生，陶先生的員工接通電話後，問道：「您是哪位？」金岳霖竟然一時答不出來，而對方卻非要他報出姓名來，金岳霖只好請教拉車的人，那個人說：「我不知道，只聽人家叫你金博士。」一個「金」字提醒了他，使他想起了自己的姓名。

和金岳霖有相同經歷的還有一個「健忘」潘大師。當初在某一簽名場合上，他提筆恍然，記不起自己的名字，還好旁邊有人告訴他姓潘。

心理學家分析，造成這種現象的原因或者是平時專注於學術，奔波於公務，腦神經沒有得到調節，造成一時「閉塞」；或者因為思維活動過快過急，導致思維訊號中斷；或者是時過境

遷，記憶力轉移，導致記憶訊號紊亂。大街上同學叫自己，在自己的記憶倉庫裡急速的尋找對的「檔案」，終因「檔案」的散亂而告吹。然而，說不定在吃晚餐時，這個姓名會忽然冒出來。還有一種原因是睡眠不足或腦神經衰弱，記憶力降低，導致記憶訊號衰退。

當這種現象出現在學生身上時，就可能是在考場上看到一道極為熟悉的題，卻怎麼也想不起題目的答案，或者是突然被老師提問，因為一時緊張，明明已經想好的答案，卻腦筋一片空白說不出來。

那麼，我們怎樣才能從這種現象中擺脫出來，從而更好的記憶學習內容呢？

一、集想像力、記憶力、觀察力、判斷力於一體

即展開想像的翅膀，搜集腦海中一切與之有關的資訊，並結合其他各種內在的能力，達到期望的效果。

愛因斯坦認為，牛頓以來對空間、時間、引力三者相互割裂，以及運動規律永恆不變的理論有失偏頗，似乎感到有一種新的理論體系可以推翻這個論斷，但在腦中幾乎要形成概念時卻被卡住了。

一次，愛因斯坦在一座小山上，找到一處憩息之地，躺在那裡仰望天際。陽光穿過睫毛，射進他的眼睛。他好奇的想，

如果能搭乘光去旅行將是什麼樣子呢？於是他的智慧在想像中閃光，相對論的靈感脫穎而出。

二、展開聯想，由此及彼

如果一時之間想不起某個知識點，可以聯想這個知識點是在哪堂課上學的，老師在講解這個知識點的時候提到應該注意的地方，或者想想這個知識點記在筆記本的什麼地方，與之相關聯的知識點都有哪些……從而從中尋找中斷的記憶線索。

美國一個學者談到資訊加工時，曾舉一個例子：

假定某人的任務是回憶 1980 年感恩節那天自己的所作所為，他的思路大致為：1980 年我是在聖巴巴拉度過的，不會在外面度過，我想我們不會在外面度過感恩節，因為我們通常在耶誕節才作一次短暫旅行。那一年並不是我們在洛杉磯遇到塔西的那一年，那時她還未出嫁。對，1980 年的感恩節我幾乎肯定是待在家裡，是跟一大群人一起度過的，因為多年來我們喜歡那樣。

三、不斷縮小記憶的範圍

如遇到一個很熟悉的字，一時想不起它的讀法和用法，就採取由遠及近，往回引申的搜索法，想一想什麼時候用過它，是否還有其他意思；它與哪些字組成詞，有無同它諧音或形體相近的字；要是先前查過字典，那在字典的前頁還是後頁？在

某頁的左上角，還是右下角查到的？等等。

四、情景再現，捕獲靈感

牛頓四十九歲時，書房裡發生一起火災，許多寶貴的論文原稿化成灰燼。那天是星期天，牛頓出門做禮拜，他記得很清楚，蠟燭是吹熄的，桌上也沒有鏡片之類的東西。只有一塊二十公分長、十公分寬的普通玻璃板。起火時僕人在院裡收拾，他保證說：「絕對沒有一個人走近這屋子。」

事情過去兩年後，同樣是一個星期天的早晨。牛頓照例要去教堂做禮拜，事先要洗臉、換衣服。當他正對著鏡子看到臉上滴滴水珠時，腦中浮現出失火那天早晨的情景，忽然靈光一閃，連臉上的水滴都顧不上擦乾，就直奔到書桌旁。拿起筆開始補充自己的論文，補充完畢後，他才用手巾擦乾臉，換了件衣服到教堂裡去。

原來在牛頓洗臉時，看到水滴落到了玻璃板上，由於表面張力的關係，水成了半圓形，這就具有凸透鏡的作用，陽光透過水滴形成聚焦，使下面的書稿起火。兩年前的那場火災就是這樣發生的，然而兩年之後，在原來的場景下，恢復了牛頓的記憶，並使原先忽略的細節，清晰的呈現出來，終於把一件謎一樣的火災解釋清楚。

美國心理學家布恩曾舉過一個古怪的例子：

第三章　全面掌握輕鬆記憶的最佳方法

當我們學習某一東西時，正處在醉酒狀態，那麼將來某個時候，在酒精的刺激下，我們也許會回憶得更好。有些醉酒的人藏過的東西，酒醒時想不起來，一旦回到醉酒狀態，則很快找到了。

這就是利用過去的情景刺激自己的靈感，喚醒沉睡的記憶。電影中也經常有這樣的情景，為了使某人恢復記憶，就設法把他（她）置於原先待過的房間裡，接觸原先心愛的東西，或者把他（她）最親近的人找到他（她）的身邊。

人的記憶，有時候後會睡著，運用頓悟記憶法，往往能夠把我們沉睡的記憶喚醒。

【記憶小常識】

頓悟是創造性思維的主要形式，一直以來都是最具爭議的課題之一。格式塔派心理學家指出人類解決問題的過程就是頓悟。當人們對問題百思不得其解，突然看出問題情境中的各種關係並產生了頓悟和理解，如「踏破鐵鞋無覓處，得來全不費功夫」。其特點是突發性、獨特性、不穩定性、情緒性。

「頓悟」的出現與大腦右腦顳葉中的前上顳回區域有密切關係。當研究對象「頓悟」出答案時，這一區域活動明顯增強，並在「頓悟」前零點三秒左右突然產生出高頻腦電波。透過常規方式獲得答案的研究對象則沒有這些情

況出現。

【快樂小叮嚀】

在數學中應用頓悟記憶法

1. 透過正反結合，引發頓悟，釋疑解惑。主要運用於幾何題的解答；
2. 透過類比，引發頓悟，澄清混淆概念。主要運用於易混淆概念的記憶；
3. 剖析病題，引發頓悟，克服思維定勢。主要用於易犯而又意識不到的錯誤論進行剖析，使他們產生頓悟，深化思維。
4. 設計誘發性問題，引發頓悟，提高思維的縝密性。主要用於全面考慮問題。

觀察記憶法 —— 開啟記憶的引導

通常，人們注意得多的事物比不太注意的事物記得牢。大多數人雖然都知道這條規律卻忽略了運用，事實上，要增強記憶，絕不可無視這條規律。

科學家進行過這樣一個戲劇性表演：

讓一百四十一名學生目睹一個學生「攻擊」教授，然後實驗者者用錄影把這一場面記錄下來，以便和目睹者的報告相比較。事後幾乎所有的目睹者都不能記述這一事件，或者是不能

正確的回憶其細節，對該過程延續時間的估計偏長，有人把攻擊者的體重估計得過重，而把他的年齡估計得太小。

事情發生七週以後，讓目睹者看六張人物照片，能夠正確認出攻擊者的人只占 40%，有人把偶爾在事件發生現場上待過的人認作攻擊者的人占 25%，就連受到攻擊的教授自己，也把清白無辜的人當作攻擊者。

從這個試驗中看出，要觀察猝然發生的事十分的不容易，觀察不好，更談不上記憶了。或者只能是一個「失真」的記憶。

我們對一件事物產生印象時，事先若沒有明確的表象，就無法再現該物象，故常常忘掉其現象。為了形成明晰的表象，必須仔細觀察，集中精力去記憶。想要記憶詞語、事件、人物，就要仔細觀察，並養成集中注意力去觀察的習慣。

觀察應看作一種有目的、有計畫、有步驟和有成果的知覺。它是透過眼睛看、耳朵聽、鼻子嗅、嘴巴嘗、用手摸等有目的的認識周圍事物的心理過程，同時也是一個長期磨練的結果。因此，我們應該從現在開始培養自己的觀察力，透過細緻的觀察力提高自己的記憶力。那麼，應該如何訓練自己的注意力呢？先來看看達文西是怎樣做的。

歐洲文藝復興時期，達文西常常要求他的學生注意某一物體，然後閉上眼睛，慢慢的想它所有的細節。再重新看這一物體，並檢查一下自己頭腦中的表象有多少和原物相符合，有多

少不符合。

總結出來為以下幾點：

一、高度集中注意力

記憶時只要聚精會神、專心致志，排除雜念和外界干擾，大腦皮質就會留下深刻的記憶痕跡而不容易遺忘。如果精神渙散，一心二用，就會大大降低記憶效率。

所謂注意就是指留意某事物或某人的行為時的集中意識。因此，對一個事物越加以注意，由該事物所得到的印象就越深。我們通常見到、聽到、感受到的東西幾乎事後全部遺忘，可以說是由於我們對這些東西沒有給予充分注意。充分注意了的事物，無須特別去記憶也會很輕鬆愉快的記住。因此，無論什麼事，如果想記住它，就要集中全部注意力。這一點頗為重要，隨隨便便的注意了一下，事後想要準確的回憶出來，是很難的。

注意力越集中，我們就越能長時間記住。沒有充分注意，很快就會忘掉，不可能記住多久，當然完全沒有注意的事根本記不住。

二、用畫家的方法去觀察

想產生印象就要有記憶的意圖，仔細的觀察比什麼都重要。有時並不特別想記憶，但很自然產生了印象，這種無意識

133

記憶有時會出現。

　　例如：在眼前剛剛發生的交通事故，或 2001 年 9 月 11 日恐怖分子駕機撞擊美國雙子星大廈時的情景就屬於這種現象，但這類事情並不很多。僅僅吃驚的望一下眼前發生的事，多半是記不住的。

　　因此現在提出「觀察」這個問題。觀察時先規定好一定的順序和條件，並以此反覆進行觀察，極為重要。最初也許會感到繁瑣很難做到，但在反覆多次的體驗中，就會掌握這些。畫家即使同其他人一樣觀察景色，觀察事物，事後他能把當時的情況準確的記住，確實與這些有關。畫家在事後準備回憶當時的情況時，經常會碰到「那麼，那個山的顏色是什麼樣的？樹是什麼樹？路人穿著什麼衣服？」這類的問題。因此，在訓練動筆畫畫時，畫家很自然的就決定了觀察的順序和條件。即使是無意識，他也會以對記憶最有利的觀察順序與條件仔細觀察景色、人物、事件。

　　這一點對學習特別重要，尤其是學習外語時，碰到某個新單字，就可以用這一點來提高記憶。

三、觀察也需要技巧

　　回憶不起以前學過的單字、歷史年代、人物的姓名、數學公式，一般是由於最初學習時沒有仔細觀察，沒養成抓住事物

特徵的習慣。

　　有一位英國大教育家說過：「一般人只將智商的微不足道的一部分用於注意。」「每個人都在各自能力範圍內生活」，並且「還有日常用不上的各種能力。」

　　這些話，特別適合於觀察人物。對於觀察每天發生的事情，我們僅僅使用實際能力的十分之一。記憶的意圖強有助於注意力的集中。假若無論如何也要記住某事，那麼必須對它更加注意。

四、在日常生活中鍛鍊觀察力

　　走在馬路上時，可以把觀察所得說出來。比如：欣賞櫥窗陳列物、街道走向及街名。或者到公園裡去觀察蝴蝶、蜻蜓的眼睛、嘴巴、翅膀，然後描繪一番。

　　另外，看書、讀報、看電視時，也是鍛鍊觀察力的好辦法。

　　觀察應該識記的對象必須看準確、看仔細，並不是認真看看就行了，而是要開動腦子把數目、形狀、姓名、特徵、結構和聯想結合在一起。

　　最後，在運用觀察法的時候，要經常給自己提出新問題，克服主觀臆想和留心意外的現象，並且要做好觀察的總結，總結觀察的最好形式是觀察筆記。

　　達爾文搭乘「貝格爾號」考察船環球旅行，沿途記下了

五十多萬字的珍貴資料；明代徐霞客遍遊名山大川，經常露宿郊野，卻堅持做好筆記，一天也不間斷。

　　如果有興趣做觀察筆記，那觀察力和寫作水準一定會大大提高。

【記憶小常識】

利用觀察法學習英語

1.　首先要記住「這是一個新單字」；
2.　詳細了解詞義，認真注意拼法；
3.　找出單字的拼寫特徵、發音的特徵；
4.　注意單字與單字之間的連繫；
5.　注意單字在拼寫上是一個整體，還是可以分割為兩個部分；
6.　透過聯想，發現單字在拼寫發音、意義等方面是否可以聯想到其他的單字。

【快樂小叮嚀】

　　生活中有很多小遊戲可以鍛鍊我們的觀察力，例如：

「飛機降落」遊戲

　　首先，將一張大紙作為地圖貼在牆上，紙上畫出一大塊地方作為「飛機場」。然後再用紙做一架「飛機」，寫上自己的名字，並在上面按上一枚圖釘。自己站在離地圖幾步或十幾步遠的地方，先觀察一下「地形」，然後，蒙上眼睛，

走近地圖，並將「飛機」恰好降落在「飛機場」上。

「大家來找碴」遊戲

找兩張看似一模一樣的圖片，但是有很多細微之處是不同的，然後根據自己的觀察找出兩幅圖的不同之處。

第三章　全面掌握輕鬆記憶的最佳方法

第四章

積極訓練出自己的超強記憶力

視覺記憶訓練 —— 由淺入深、循序漸進

視覺記憶是指來自視覺通道的資訊的輸入、編碼、儲存和讀取，即個體對視覺經驗的識記和保持的能力。

在生活中，視覺記憶是使用最多、效果最好的一種記憶形式。在所有的記憶中，一般來說，視覺記憶的使用和效果占到70％左右。因此，訓練你的視覺記憶是非常重要的。「留意看」就是在訓練視覺記憶力。在日常的學習中，視覺記憶力差的學生並不在少數。通常，他們都有以下的表現：

- 看事物時缺乏耐性，總是沒有焦點；
- 總是記不住東西放哪裡；
- 看到過的事物，總是記不住；
- 上課喜歡東張西望，不專心；
- 寫作業總是歪歪扭扭，有時抄都會抄錯；
- 對事物缺乏興趣，無法感知事物的特點。

我們可以按照下面的步驟，透過家長或他人的幫助，進行系統性訓練：

第一，初級階段訓練

大部分的人在平時的學習和生活中，識記了很多東西，卻很少去回憶。所以，很多知識就像是沙灘上留下的腳印，沒多久就被海水沖刷掉了，沒有留下任何痕跡。初級階段的視覺記

憶訓練主要透過觀察並回憶日常生活中的事物來進行，這種簡單的視覺訓練可以鍛鍊我們有意識的保持視覺記憶的習慣。

（1）回憶看到過的事物

日常生活中，有許多場景可以回憶。例如：去購物的時候，記住在商店中看到的商品，然後走開後進行回憶，看一看記住了多少。

（2）回憶做過的事情

在日常生活中，回憶自己做過的事情，可以提高我們的記憶力。

美學老師劉成紀談起自己對孩子記憶力的訓練時說的：「我一直認為，孩子的記憶力和成人有意識的訓練有關。比如：每天臨睡之前，我會問他今天做了什麼，到過哪裡，認識了哪些小朋友，玩了什麼玩具……記得有一次到山中旅行，我在一條小溪邊撿了一塊小石頭給他。很長時間，這塊山石成了我們談話的對象 —— 從山石談到溪流，從溪流談到險要的山路、山中遇雨，以及在峰頂上看到的山鷹。於是，這塊山石作為一個誘因，在他的頭腦裡復活了一個已逝的完整場景。」

（3）回憶看過的影片

對看過的影片做一個細緻的回憶，不僅可以提高對影片的理解，也可以提高你的記憶力。

（4）回憶讀過的書

宋代女詞人李清照，經常和她的丈夫比賽記憶力。他們都博覽群書，知道很多典故。兩個人就比賽誰的典故記憶得深刻，看看誰能清楚的記住典故出自哪本書、哪段歷史。在興趣盎然的比賽中，李清照不僅鞏固了知識，而且增強了記憶。

第二，中級階段訓練

主要透過視覺的反覆刺激，鍛鍊有效記憶。

（1）模仿動作

· 　模仿手的連續動作，如摺紙、串珠等。

· 　模仿腳的連續動作。

· 　模仿身體的連續動作。

（2）圖形辨識

在幾張圖片中挑出一張看十秒鐘，然後把這張圖片與其他圖片混在一起，然後找出剛才看過的那一張。圖片從規則圖形到不規則圖形，再到組合圖形，複雜程度逐步增加。

（3）抄寫文字

找一篇文章，然後一字不差的抄下來。

（4）圖片歸類

讓他人提供一些圖片，自己先看著圖片歸類，然後收起圖

片，自己回憶這些圖片，並給這些圖片歸類。

第三，高級階段訓練

透過視覺理解及思考力的訓練，使視覺記憶力提高到更高的層次。

(1) 紙牌記憶

讓他人準備一副紙牌，每次呈現一張紙牌，自己回憶花樣及數字。等熟練後，連續排列幾張紙牌，自己按順序回憶花樣及數字。

(2) 視覺資訊增減訓練

自己先看下列物品，然後讓他人對這些物品進行一定的增刪，並問問自己多了什麼，少了什麼。如：橡皮擦、鋼筆、鑰匙、光碟、橘子、麵包、書本、玻璃杯、硬幣、鉛筆盒。自己仔細看一分鐘後轉過身去，等他人拿掉一些物品後，然後自己再轉過來，說出多了什麼，少了什麼。

【記憶小常識】

記憶與備忘錄

當人們面對大量要記憶的事項時，首先辨別出哪些是必需記憶的，哪些是可記錄備用的，這樣就可以大大減少要記憶的事項，提高記憶效果。特別在資訊爆炸的時代裡，養成

做備忘錄的習慣更有益處。

【快樂小叮嚀】

最大限度提高記憶力的四個技巧

1. 定期回顧：想一想你一天之中看到，聽到多少資訊，這就是為什麼需要你每天專門留出一部分時間來回顧，或者叫複習。你可以在晚上沒事的時候，花十分至十五分鐘對你做的筆記或者其他任何資訊做一下回顧總結。

2. 不要同時做多件事情：如果你的電腦和電話離得很近，那麼你可能有時會同時操作電腦並且接聽電話。此外，你在工作中還可能同時發送郵件，連繫客戶或者更新你的部落格等等，不要這樣做！同時只做一件事情，把精力集中在這件事情上，然後迅速完成它。這樣做不會打斷你的任務列表，你可以很清楚自己哪些事情沒做，而且會降低出錯的概率。

3. 聯想記憶：要想快速記憶一件新的事情，一個好的辦法是將這個新的事情和你已知的舊的事情連繫起來。也可以自己憑空想像它們之間的連繫，這樣你可以很快透過想像記憶回到你要記得事情上來。

4. 分割記憶：另一個幫助你記憶的辦法是把要記憶的資訊分解為很多小塊，然後分段記憶，這會比一口氣記憶一大段資訊簡單一點。

聽覺記憶訓練 —— 擴大孩子聽覺記憶的廣度

聽覺記憶指的是將所感知到的聽覺資訊，能夠在被理解之前在大腦中保存一定的時間。

有一位學生家長曾抱怨道：「我家孩子上小學二年級，腦子很聰明，就是記憶力不好，上課不會聽講，不能理解老師講的內容，也記不住作業。對於學校發生的事，也不會描述。上了二年級，一年級的知識就已經忘得差不多了。有時候甚至第一天講的知識，第二天就忘記了。老師說他的腦子沒有帶到學校去，我很煩惱，不知道怎麼才能幫助孩子。」

針對這種狀況，曾有專家曾做過統計：小學生上課時間的70%是在聽老師講話。但經常會有一些孩子上課不能長時間聽講，注意力分散；記不全或記不住老師交代的家庭作業或其他事情；無法理解老師的講課內容，常常是聽而不聞……而這些孩子的智商又屬正常，於是許多家長、老師只好給這些孩子戴上「注意力缺損」、「注意力不足過動症」的帽子。事實上，他們只是在聽覺記憶這方面有所缺陷。

聽覺記憶是在日常生活中經常需要使用到的一種記憶方式，尤其是在學習語言的時候，聽覺記憶能力比視覺記憶能力更加重要。

聽覺記憶力差的人一般有以下表現：

145

- 　很容易忘記父母或老師交代的事情；
- 　不能完整的轉達別人的話語；
- 　口頭表達能力較差，說話總是結巴；
- 　複述事情時總是顛三倒四，邏輯不清；
- 　老師課堂上講過的內容總是記不住；
- 　在聽寫或複述句子、課文時容易出錯；
- 　記不住長句子，聽完故事後不能複述；
- 　學過的東西忘得很快，學了後面忘記前面。

聽覺記憶不好的人，往往不能把學過的知識和現有的知識結合起來，從而影響對新知識的理解。怎樣訓練自己的聽覺記憶力呢？

進行聽覺記憶訓練應該遵循循序漸進的原則，從簡單的反覆識記逐漸過渡到理解和掌握記憶資訊。具體如下：

第一，初級階段訓練

剛開始進行聽覺記憶訓練時，可以運用節奏感、韻律感較強的詩歌或者句子來進行。

（1）複述詩歌

朗讀一些詩歌，然後一句一句的複述，最後將整首詩歌複述出來。複述詩歌可以訓練我們的聽覺記憶，增強對語言的節奏感。

下面的詩歌都是很好的訓練題材：

· 孟浩然的《春曉》：春眠不覺曉，處處聞啼鳥。夜來風雨聲，花落知多少。

· 柳宗元的《江雪》：千山鳥飛絕，萬徑人蹤滅。孤舟蓑笠翁，獨釣寒江雪。

（2）複述和傳遞句子

自己聽他人或父母說一句話，然後根據聽到的話複述一遍。

如果他人一起與自己玩這個遊戲，則可以透過傳遞句子的方式進行。比如：第一個人先跟自己用耳語的方式說一句話，然後自己把這句話傳遞給第三人。接著，第三人再跟自己說一句話，自己把這句話傳遞給第一個人。

這種遊戲的方式較普通的複述要有意義得多，容易激發自身的興趣。如果參與的人比較多，這個遊戲的趣味性就會更強。

第二，中級階段訓練

在你能夠順利進行初級階段的訓練後，你可以進行聽覺排序的訓練，這樣有助於增強自身的聽覺記憶力。

（1）倒述句子

可根據自身年齡特點，選擇一些不同長度的句子作為倒述訓練的資訊。

（2）聽寫句子

讓他人協助可以選擇一些句子，自己聽完後將其寫出來。聽寫句子不僅可以訓練自己的聽覺記憶力，而且可以訓練自己的聽動協調能力。

與倒述句子一樣，在選擇句子的長短時，應根據自身的年齡特點和理解的能力來選擇，並隨自身能力的提高而不斷增加難度。

（3）句子比較

將兩個句子的各個部分加以比較，並找出各自的不同之處。句子比較訓練可以提高聽覺記憶的精確性。

第三，高級階段訓練

當你的聽覺能力提高到一定階段後，就可以進行高級訓練，即運用聯想能力訓練、聽動協調能力訓練進一步提高你的聽覺記憶力。

（1）聽詞排序

聽詞排序可以訓練你的聽覺理解力，從而提高你的聽覺長時記憶力。

可以選擇一組詞語，然後按照他人（協助者）所提的要求，重新對原來說過的詞排序。

（2）詞語配對

讓他人給自己先念一對已經配對的詞語，講好詞語配對的規則，然後再念一組詞語，自己認真傾聽並努力記住。接著，讓他人念一個已經念過的那組詞語中的任意一個，自己給這個詞語配對。

（3）節奏模仿

節奏聲的訓練可以透過敲打進行。讓他人敲打一段節奏聲，然後根據傾聽到的聲音強弱和快慢模仿敲打，使自己的敲打聲最大限度的接近對方的敲打聲。

【記憶小常識】

記憶與錄音

錄音的方法是，先將有關題目錄音，然後空出一段足夠回答問題的時間，最後再把題目的正確答案錄進去。這樣平時聽錄音作答時，就可以檢驗自己遺忘或是搞錯的地方。

使用這種方法，由於回答的時間有限制，就會促使頭腦反應迅捷，記憶敏銳。同時也可以訓練人養成一種簡潔回答問題的條件反射。

【快樂小叮嚀】

揉搓腳趾增強記憶力

中醫認為，人的腳上分布著可以影響全身的穴位。其中，與大腦、小腦、腦幹、鼻、舌、口腔、頸部動脈、淋巴腺等器官（組織）有關的都集中在腳趾部位，屬於陽經與陰經交匯處，如對其進行正確的按摩刺激，就能達到增強記憶力的目的。

揉搓腳趾的方法很簡單，可以用手抓住雙腳的大腳趾做圓周揉搓運動，每天揉幾次不定，但每次需要二至三分鐘。由於記憶、計算能力是與腦相關的，中醫認為「腎主藏精，通於腦」，所以記憶、計算功能就由腎所主，而小趾是足少陰腎經起始部位，故而揉搓小趾有助於增強記憶和計算能力。可用手做圓周運動來揉搓小趾及其外側，只要在睡覺前或休息時揉五分鐘就行了。

動作記憶訓練 —— 透過真實的體驗加強記憶

動作記憶是以身體的運動狀態或動作形象為內容的記憶。人們一切運動中的技能技巧，都是由運動記憶所掌握的。比如：運動員的訓練技能和高難度動作的掌握，舞蹈家優美的舞姿，鋼琴家、小提琴家和諧的演奏，以及畫家、書法家、雕塑家等專業技術操作的嫻熟，都是動作記憶作用的結果。

動作記憶是形象記憶的一種形式。

比如打字是一種動作記憶的表現。當一個人對鍵盤熟悉後，他可能背不出每個鍵上有哪些字根，但是他卻可以準確的打出自己所需要的國字。這就是因為長期的打字動作使他在潛意識裡對打這個字的動作產生了記憶。

怎樣進行動作記憶訓練呢？

第一，初級階段訓練

在初級階段，可以做一些簡單的動作模仿。

(1) 手勢訓練

在日常生活中，讓他人經常做一些動作給自己看，然後進行模仿。

(2) 體育活動訓練

一般情況而言，身體健康，愛好體育運動和熱愛生活的人，精力充沛，學習力強記憶力當然也強，人們在鍛鍊身體時可以促進大腦自我更新。

有專家曾指出，長期的心血管運動可以減少因年齡增長出現的腦組織損失，可以減輕記憶力衰退。多項研究表明，要保持大腦活躍，只需經常運動。一週鍛鍊三到四次的在校兒童，在十歲或十一歲時考試成績一般都較高。經常走路的老年人在記憶測試中的表現要比那些慣於久坐的同儕還好。透過向消耗

能量的大腦輸入額外的氧氣，鍛鍊能增強智力。

最新研究還發現體能鍛鍊實際上能促進新腦細胞的成長。這在老鼠身上，鍛鍊引起的腦力增強效果，還有在與學習和記憶有關的海馬狀突起上，表現得最為明顯。

因此在日常生活中，多參加一些體育活動，比如：打球、跳繩、做操，這些活動都可以訓練我們的動作記憶。

第二，中級階段訓練

多做一些精細動作的訓練，從而不斷提高你的動作記憶力。

（1）打字訓練

每天找一段文字，可以練習自己的手指記憶力。

（2）舞蹈訓練

學習一段舞蹈，可以訓練自身的身體協調性和動作記憶力。

（3）樂器訓練

學習一種樂器，在學習樂器的過程當中，你的動作記憶可以得到一定的提高。

第三，高級階段訓練

美國著名的籃球教練馬克爾‧赫茲曾做過下面的實驗：

把籃球的罰球訓練分為三個組進行。

Ａ組二十天，每天實地練習二十分鐘。

Ｂ組二十天，不進行任何訓練。

Ｃ組二十天，每天三十分鐘，只做投籃的想像動作練習。

然後，把三個組第一天的分數和二十天後的分數相比較。結果，流了汗水進行實際練習的Ａ組得分提高了24％；什麼訓練都沒做的Ｂ組毫無進展；只進行想像動作訓練的Ｃ組得分提高了23％。由此可見，動作記憶可以透過想像性的練習來鞏固。

【記憶小常識】

記憶與環境

對於一般的人來說，必須注意在學習的時候桌上不要放置任何會誘惑人的東西，以免分散注意力。特別是在強記時，桌上除了同記憶有關的東西，其他一概不應放置。

還有，書桌和牆壁最好塗上一種會使人鎮靜的顏色。光線太強太弱都會使眼睛疲憊。

【快樂小叮嚀】

記憶也要講衛生

1. 早餐吃好：科學研究顯示，吃含熱量的碳水化合物早餐，如一碗全穀食品、熱牛奶、熱豆漿或者麵包、三明治、水果、點心，對身體和增強記憶都有益處。

愉快的情緒：愉快能使你對事物的印象深刻，提高記憶力。

2.　新鮮的空氣：新鮮空氣能使大腦得到充分的氧氣，增強記憶力。若空氣混濁，則頭腦發脹，影響記憶效果。

3.　合理用腦：合理用腦使大腦皮質的不同部位輪流興奮和抑制，有助於增強記憶力，使人保持不疲勞的狀態。學習時用的是右半腦，聽音樂、歌曲用左半腦。左半腦興奮幾分鐘，右半腦就可休息一下。用音樂來調節，做到合理用腦，這在世界各大學裡已被廣泛重視。

記憶廣度訓練 ── 鍛鍊孩子的短期記憶能力

記憶廣度又稱為「記憶範圍」，指的是按固定順序逐一呈現一系列刺激以後剛剛能夠立刻正確再現的刺激系列長度，是暫態記憶的一種重要能力。

暫態記憶的廣度一般是七個長度單位，可以是七個無意義的音節，也可以是七個毫無關聯的字、詞等。長度單位可以是一個數字、一個字母，也可以是一個字、一句話、一件事情等。

在心理學上，每一個長度單位被稱之為一個組塊。科學實驗證明，把十個組塊分成兩塊來記憶，效果要比分成十塊來記憶好得多。

怎樣訓練我們的記憶廣度呢？

第一，初級階段訓練

主要鍛鍊你的短期記憶能力，其中包括視覺記憶廣度訓練和聽覺記憶廣度訓練。下面的訓練有兩種形式，一種是自己默讀並背誦，然後複述出來，這主要訓練你的視覺記憶廣度；另一種是他人朗讀然後自己認真傾聽並努力記住，然後複述出來，這主要是訓練我們的聽覺記憶廣度。

(1) 背誦數字

自己默讀或者傾聽他人說一串數字，先從數字少的開始練起。比如：先背誦兩位數的數字，看你能夠記住多少個兩位數；然後再背三位數的數字，不斷增加數字的位數。比如：

356246196505824063

7483922840954818824362955346

729928847529739624384275624827657

……

一般來說，數字位數越多，能夠背誦下來的數量就越少。

如果是他人朗讀讓自己訓練聽覺記憶廣度，他人的發音吐字應清楚，每組數字的間隔應停頓一秒鐘。每組數字的個數應循序漸進，一種長度的數字組如果自己能夠連續兩次複述正確，就可以再增加一個數字。

在日常生活中，只要堅持訓練，能夠記住的數字個數會比以前增多。這就表明你的記憶廣度在提高。

(2) 複述國字

自己默讀或者傾聽他人說一串國字，然後自己按順序複述出來。可以先從單個國字開始，然後不斷增加字數。但是，即使增加字數，每個字之間也是沒有必然關聯的。

(3) 複述句子

自己默讀或者傾聽他人念一些有意義的句子，然後複述出來。這可以訓練自己對有意義的、可理解的句子的記憶廣度。

剛開始訓練時，應選擇一些淺顯易懂而有趣味性的句子，隨著聽覺理解能力的提高，再選擇相對較長的句子進行訓練。

第二，中級階段訓練

訓練有兩種形式，一種是自己默讀並背誦，然後複述出來，這主要訓練我們的視覺記憶廣度，另一種是他人朗讀自己認真傾聽並努力記住，然後複述出來，這主要是訓練我們的聽覺記憶廣度。

(1) 句子轉述

此處與前面聽覺記憶訓練原理相同，所以不再重複了。

同樣，隨著你記憶能力的提高，可以不斷增加句子的長度。

(2) 豆子遊戲

在一個小盒子裡裝入幾顆豆子，先看三秒鐘，然後回答盒

子裡有多少顆豆子。

可以從兩位數開始進行，隨著記憶廣度的提高，不斷增加豆子的顆粒，並不斷提高記憶的速度。

第三，高級階段訓練

與前面內容相同，訓練也是類似兩種形式，一種是自己默讀並背誦，然後複述出來，這主要訓練你的視覺記憶廣度，另一種是他人朗讀自己認真傾聽並努力記住，然後複述出來，這主要是訓練你的聽覺記憶廣度。

(1) 複述國字

選擇一組國字有讓他人朗讀，自己仔細傾聽並努力記住，然後複述出來。

他人朗讀的時候應吐字清晰，每個字大概停頓一秒鐘，隨著記憶力的提高，不斷增加國字的個數。

(2) 倒述數字

你要背誦一組數字，然後倒述出來。比如：

二位數：3842924929

三位數：325973947736375

四位數：42839462845673655237

五位數：42437972576378053789246 74

然後倒述為：

8324299492

523379749637573

38242649654856377325

73424752790873698735547642

隨著記憶力的提高，可以不斷提高數字的位數數量。

【記憶小常識】

記憶與字典

多查字典對於鞏固記憶具有很好的效果。當我們遇到難題時，向別人請教也能解決，但這只是一種聽來的知識，過後如不加以證實的話，那又難以記住。而查字典卻不然，往往是帶有一種急於想知道詞語及其用法的積極願望和精神準備。多次的查字典或網路查資料更會加深印象，從而達到鞏固記憶的目的。

【快樂小叮嚀】

透過晨練增強記憶力

早上起床呼吸新鮮空氣，晨練對身體有好處。

運動量是否超量，可透過以下幾方面判斷：

晨練後半小時內即能恢復到平靜，心率、呼吸次數及情緒狀態均能恢復到晨練前水準。以心率為例，如果運動量過大，晨練結束後五至六分鐘內，心率比晨練前還要快每十秒

六至九次，而且半小時內不能完全恢復平靜。晨練後應該精神飽滿，精力充沛，沒有睡意，對學習、工作沒有不良影響。相反，如精神萎靡、身軟乏力、頭昏目眩，則說明晨練運動量過大。

　　晨練以達到剛出汗或少量出汗的程度為宜。不出汗說明運動量不夠，大汗淋漓說明運動量過大。晨練後，早餐食慾好，食量增加，反之說明運動過量。透過晨練，體質增強，記憶力增強，學習、工作效率提高，表明運動量恰到好處。

記憶精度訓練 —— 培養孩子記憶的準確度

　　記憶精確性主要指記憶再現的正確性，指的是對於所識記的內容在回憶時，沒有扭曲、遺漏、增補與臆測。

　　有一位作家為了弄懂歷史巨著《史記》，曾經用了八年的時間。他的讀書方法就是，讀完一篇後，就把這篇蓋上，然後默默的回憶剛才讀過的內容。如果發現自己回憶不起來，就表明讀得不仔細，理解不深入。於是，他就回過頭來再讀一遍，然後再透過回憶來檢查自己的閱讀情況。

　　良好的記憶精度對於我們來說非常重要。如果在記憶的時候又快又牢固，但是卻記錯了，顯然，這樣的記憶是毫無用處的。由此可見，記憶精度是良好記憶力的最重要特點。如果記憶總是不正確，那麼，這對你的學習來說只會幫倒忙，就好像

汽車弄反了方向，開得越快，離目的地就越遠。

那麼，怎樣訓練我們的記憶精度呢？

第一，回憶訓練

經常回憶，回憶得盡可能精細，是鍛鍊記憶精度的好方法。怎樣進行回憶呢？

（1）把關鍵內容先回憶出來

在回憶時，準備一枝筆，把回憶出來的要點在紙上簡要的寫一寫，然後再與書本進行對照。這樣，你的記憶速度就會更快，效果也會更好。

（2）注重回憶一些細節

回憶的時候，要盡量仔細、全面。回憶結束時，要檢查一下自己有沒有遺漏，這樣往往可以促進記憶。

比如：回憶一間非常熟悉的房間，想一想房間裡有什麼東西？門窗朝哪個方向開？家具擺放在什麼地方？牆上是不是掛了一些裝飾品？有哪些裝飾品？電燈開關在什麼地方？等等。

第二，限時強記

在日常生活中，你可以有意識的去背誦一些數字、人名、單字等，用鬧鐘控制使用的時間。

比如：在八分鐘內，背誦要聽寫的一段課文；在二分鐘內，

背誦十個陌生的人名；在十分鐘內，背誦十個外文單字。

鬧鐘一響，就停止背誦，檢查一下記住了多少。如果沒有完全記住，就在相同的時間裡，再背誦一次。

第三，背誦課文

背誦是記憶的體操，背誦課文對於提高我們的記憶精度有很大的作用。

馬克思的記憶力相當好，他經常反覆閱讀歌德、萊辛、莎士比亞、但丁和賽凡提斯等大作家的作品，而且能整段、整節地背誦如流。他對自己作過一條規定，對希臘悲劇作家愛司啟拉留斯的希臘原文著作，每年都要重讀一次筆記和書中做了記號的地方。

為了提高你的背誦樂趣，你應該有意識的讓背誦變得更有意思，而不是簡單的進行機械背誦。

英國教育家史賓塞說過：「快樂遠遠比冷淡或厭惡有利於智慧活動。每個人都知道高興的時候所讀所見所聞的東西，比在漠不關心時所讀所見所聞的能記得住。」如果你是在快樂的情緒下去背誦的，那麼，這種背誦就是有利的，對你的記憶力培養是有效的。

第四章 積極訓練出自己的超強記憶力

【記憶小常識】

記憶與討論

互相討論的方法能彌補各自的不足之處，會使一個人本來難於解決的問題變得輕而易舉。由於從提出問題到解決問題的過程，大家都有一個清楚的了解，所以就容易記住。另外，在討論過程中，互相的啟發往往會產生一種意想不到的靈感，很容易找出解決問題的辦法。

【快樂小叮嚀】

閱讀下列文章，並努力背誦出來：

荷塘月色

曲曲折折的荷塘上面，彌望的是田田的葉子。葉子出水很高，像亭亭的舞女的裙。層層的葉子中間，零星地點綴著些白花，有嫋娜的開著的，有羞澀的打著朵兒的；正如一粒粒的明珠，又如碧天裡的星星，又如剛出浴的美人。微風過處，送來縷縷清香，彷彿遠處高樓上渺茫的歌聲似的。這時候葉子與花也有一絲的顫動，像閃電般，霎時傳過荷塘的那邊去了。葉子本是肩並肩密密的挨著，這便宛然有了一道凝碧的波痕。葉子底下是脈脈的流水，遮住了，不能見一些顏色；而葉子卻更見風致了。

月光如流水一般，靜靜的瀉在這一片葉子和花上。薄薄的青霧浮起在荷塘裡。葉子和花彷彿在牛乳中洗過一樣；又

像籠著輕紗的夢。雖然是滿月，天上卻有一層淡淡的雲，所以不能朗照；但我以為這恰是到了好處 —— 酣眠固不可少，小睡也別有風味的。月光是隔了樹照過來的，高處叢生的灌木，落下參差的斑駁的黑影；彎彎的楊柳的稀疏的倩影，卻又像是畫在荷葉上。塘中的月色並不均勻；但光與影有著和諧的旋律，如梵婀玲上奏著的名曲。

荷塘的四面，遠遠近近，高高低低都是樹，而楊柳最多。這些樹將一片荷塘重重圍住；只在小路一旁，漏著幾段空隙，像是特為月光留下的。樹色一例是陰陰的，乍看像一團煙霧；但楊柳的風姿，便在煙霧裡也辨得出。樹梢上隱隱約約的是一帶遠山，只有些大意罷了。樹縫裡也漏著一兩點路燈光，沒精打采的，是渴睡人的眼。這時候最熱鬧的，要數樹上的蟬聲與水裡的蛙聲；但熱鬧是牠們的，我什麼也沒有。（節選自朱自清《荷塘月色》）

記憶敏捷性訓練 —— 讓你有飛一般的記憶速度

記憶的敏捷性是指記憶速度。記憶力強的人，記東西特別快，記憶力差的人則需長時間反覆記憶才能記住。

一般來說，記憶的敏捷性在年幼時期就開始出現差距。比如：在學習兒歌的時候，有些人聽一遍就能記住大部分內容，有些則不斷的聽也記不住。

第四章　積極訓練出自己的超強記憶力

　　為什麼我們的記憶敏捷性有所差異呢？這主要在於，在記憶時注意力是否集中。

　　記憶的第一過程識記就是在大腦皮質形成暫時神經連繫，當我們的集中注意力時，大腦皮質就能形成一個強烈的優勢興奮區，新的暫時神經連繫最容易在此區建立，反之則不然。所以，要提高我們記憶的敏捷性，最重要的就是要求自己在識記時集中注意力。

　　在家庭中，可以讓父母協助自己訓練記憶敏捷性：

第一，初級階段訓練

（1）覆核數字

　　在日常生活中，我們可以經常與父母玩覆核數字的遊戲。具體玩法如下：

　　讓父母從少到多報數字，然後跟著父母邊說邊記，直到自己複述數字時出現錯誤為止。下面提供幾組數字：

1. 484274974392473674368827473683467326649386735589
   4376756
2. 793485749529487475843767546498577436466565768354
   6783678
3. 676852639539857876563587786574324645356577366754
   3757382

（2）找圖片

讓父母找些圖片，然後自己在一堆圖片中找出看過的幾張圖片。

第二，中級階段訓練

（1）閱讀訓練

閱讀訓練可以提高我們的注意力，從而提高我們的記憶力。

（2）背誦古詩

找一些古詩進行背誦。

先要選擇一些篇幅短小、內容簡單的古詩作為背誦的資訊，隨著記憶力的不斷提高，再提高古詩的長度和難度。

第三，高級階段訓練

（1）速讀訓練

速讀對於我們來說也很重要，它不僅可以提高我們的閱讀速度，而且可以提高我們的記憶力。因此，在家庭中，可以先找一些資訊進行練習，期間，可以讓父母幫忙記錄閱讀時間。

（2）倒背古詩

在你已經會背誦的古詩中，進行倒背訓練。這種訓練有助於提高你的記憶靈活性，從而提高你的記憶敏捷性。

（3）限時強記

限時強記指的是在規定的時間裡去背誦一些數字、人名、單字等，這種方法可以鍛鍊博聞強記的能力。比如：在兩分鐘內，背誦十個電話號碼；在十分鐘內，背誦十個英文單字。

【記憶小常識】

記憶與註解

有些人看書泛泛而過，隨著時光的流逝，印象也就悄然無蹤。為此要設法在書中找出重要的部分，然後分別夾上小紙條，以便查找。再者，發現書中有趣的、重要的或是有疑問的地方要做上記號；並在空白處寫下自己的感想和見解，加深自己的理解，同時使記憶事項變得鮮明突出，如用各色鉛筆劃線，效果就更好。

【快樂小叮嚀】

訓練速讀時要注意以下幾點：

（1）速讀不是默讀。

速讀是有時間限制的，要求讀得迅速，但不要求完整，只要讀出大意就行。

（2）速讀是有目的地的。

速讀是有目的的快速閱讀，比如：文章的中心是什麼，文章的結構怎樣……

（3）速讀要有一定的方法。

速讀的時候要講究一定的方式方法。

首先，不要因為生字而打亂自己的閱讀節奏。

其次，速讀的時候要有自信心，儘管有時候會有不理解、記不住的情況，但不要懷疑自己的能力，只要經過一定量的速讀訓練，每個人的閱讀速度都會提高。

最後，速讀的時候要掌握讀的重點。比如：主要內容、結構、寫作特點等。

記憶持久性訓練 —— 記憶成習慣，習慣成自然

記憶的持久性是指記憶能夠保持的時間長度。能夠把知識經驗長時間的保留在頭腦中，甚至終生不忘，這就是記憶持久性良好的表現。

記憶持久性是記憶品質的一個重要方面。一般來說，我們的記憶持久性是隨著年齡的增加而增加的。

從記憶的再認來說，一歲的孩子，再認保持的時間一般為幾天；二歲的孩子，再認保持的時間一般為幾週；三歲的孩子再認保持的時間為幾個月；四至六歲的孩子能夠提高到一年的時間；孩子到七歲時，記憶再認保持的時間在三年左右。

從記憶的再現來說，兩歲的孩子再現保持的時間一般為幾天；三歲的孩子，再現保持的時間一般為幾週；四歲的孩子再現保持的時間一般為幾個月；五至七歲的孩子再現保持為一年

以上；七至十七歲的孩子再現保持時間則越來越長。

雖然隨著我們年齡的增加，記憶持久性也會不斷提高，但是日常的訓練對我們記憶持久可以達到促進作用。你可以嘗試下面的方法：

第一，順序訓練法

順序訓練法即按順序記憶一些資訊，然後遮擋住資訊的內容並逐個把資訊內容露出來。每露出一個資訊，就回憶下面緊挨著的資訊，從而喚起你的記憶。同一個遊戲應該根據遺忘規律不間斷的進行，從而提高你長時間記憶的能力。

（1）數字順序訓練法

1. 742081536278
2. 84935983024339261852
3. 245948643932493792529295337247

（2）文字順序訓練法

1. 三夫叫只因上可困呆肖吸國中要有伯一珍
2. 雨量延用自修硝石走向天下世界從前關心耳朵
3. 一心一意狐假虎威興高采烈腳踏實地的心花怒放實實在在雙喜臨門彬彬有禮神采奕奕百尺竿頭

第二，關聯訓練法

同時記憶兩種相互關聯的資訊，然後讓他人說其中一種資訊，自己根據這種資訊回憶相關聯的另一種資訊。

比如：

· 電腦 ── 目標眼睛 ── 文字電視 ── 書本音響 ── 紅包

· 手機 ── 電線桌子 ── 拖鞋枕頭 ── 熱水梨子 ── 牙醫

第三，插入訓練法

插入訓練法是依次序記憶好幾段資訊後，並不是馬上就進行回憶，而是先進行其他事項，然後再來回憶最前面的一段。

第四，頻率訓練法

頻率訓練法是反覆讓他人向自己出示一些資訊，其中有一部分資訊是多次出現，然後讓自己記住這些資訊出現的次數。

【記憶小常識】

一般而言，人的大腦有四個記憶高潮。

清晨起床後，大腦經過一夜休息，此刻學習一些難記憶而又必須記憶的東西較為適宜。這是第一個記憶高潮。上午八點至十一點是第二個記憶高潮。此時體內腎上腺素分泌旺

盛，精力充沛，大腦具有嚴謹而周密的思考能力。第三個記憶高潮是下午六點至八點，不少人利用這段時間來回顧、複習全天學習過的東西，加深記憶，分門別類，歸納整理。睡前一小時，是記憶的第四個高潮。利用這段時間對難以記憶的東西加以複習，不易遺忘。

【快樂小叮嚀】

轉動眼球提高記憶力

英國研究人員發現，左右轉動眼球，可有效提高記憶力。如果想快速回憶起某件事情，只要將眼球左右來回轉動三十秒，就會產生良好的效果。研究人員認為，眼球左右轉動，可讓大腦的左右腦互相溝通，這是提高記憶力的關鍵所在。

記憶積極性訓練 —— 讓「我記不住」變成「我能記住」

科學研究表明：自信的狀態影響著一個人記憶力的發揮。當一個人自信心增強的時候，往往經歷旺盛，情緒樂觀，大腦的細胞活動能力大大加強，從而產生興奮和激發狀態，這種狀態被科學家稱為大腦的新能量。而這種能量可以增進腦細胞的活躍狀態，產生良好的記憶效果。

因此，想要培養自己的記憶積極性，首先要相信自己能夠記住。沒有記憶信心，腦細胞的活動就會受到抑制，記憶力就會減退。在心理學中，這種現象叫做「抑制效應」。它的過程就是：沒有記憶信心→腦細胞活動受到抑制→記憶能力減退→自信心更加喪失……如此循環，記憶力就會越來越差。

那麼，應該怎樣培養自己的自信心，使自己由不相信自己，轉變為相信自己能夠記住，從而去積極的記憶呢？

一、多多鼓勵自己

許多學生記憶力不佳，並不是因為先天遺傳，而是由於對自己的記憶力缺乏自信。在面對需要記憶的資訊時，首先就會認為自己記不住，完全失去了記憶的自信心，而這是提高記憶力的最大障礙。

二、拒絕不良的心理暗示

學生常常會受到來自外界的一些不良的暗示，尤其是父母老師的一言一行對自己的影響都很大。比如很多家長習慣於說孩子「笨」、「上課不注意聽講」等，這些話對於心理敏感的孩子都會產生一定的影響。

所以，對於一切不良的心理暗示，自己要產生「免疫」能力，不要讓這些暗示影響自己的記憶自信心。

三、對自己進行積極的心理暗示

　　如果你屬於種些缺乏自信的學生，就要學會對自己進行積極的心理暗示，當面對需要記憶的資訊時，要對自己說：「我能記住」。

　　有一位著名的數學家在中學時代對數理化就有著濃厚的興趣，多麼複雜的數理化公式，他都能夠記在腦海裡，然後等用的時候拈來應用。他之所以能夠記住那些公式，原因就在於他善於對自己進行積極的心理暗示。一次，化學老師讓學生們把一本書背下來，當同學們都覺得很困難時，他卻認為：這很容易，多花點工夫就可以記下來。果然沒過幾天，他就把全書背下來了。

　　美國心理學家胡德華說過：「凡事記憶力特別強的人，都必須對自己的記憶充滿信心。」既然積極的心理暗示能夠幫助自己提高記憶力，那麼學生就應該培養自己積極的心理暗示，比如：當自己為每天記憶英文單字而煩惱時，就可以把單字一個一個寫在紙上，然後每記住一個單字，就把紙揉成一團扔進垃圾桶裡，同時大聲的說：「我又記住一個單字。」

　　這樣不斷的練習，記憶力就會有明顯的提高。當你能夠給自己一個「我能記住」的心理暗示時，也就能充滿信心的去面對記憶的資訊，自然也就能夠記得多、記得牢。

【記憶小常識】

日本心理學家多湖輝說過：「記憶的關鍵在於要有『我能記住』這種自信心。」

培養自信可以從以下幾個方入手：

1. 破除迷信。要相信自己的力量，敢於向命運挑戰，打破自己「記性不好」的自我樊籠。

2. 腳踏實地的。以大量的艱苦的記憶實踐為基礎，增強記憶的自信心，提高記憶的效果和成績。

3. 累積微小的成功。透過每一次微小的成功增強自己的自信心。

【快樂小叮嚀】

以下行為可以增加你的記憶自信心：

· 還記得你兒童時期會背的兩首古詩嗎？如果記得請寫下來；

· 寫出從小到大和你一起玩樂過的朋友的名字；

· 剛剛學習英語時所記的十個單字；

· 小時候經歷十分驚險或者是有趣的事情；

· 還記得你幼兒園老師姓什麼嗎？請寫下來；

· 你所讀過的書中，給你印象最深刻的，並試圖描述出大概的內容；

· 第一次站在講臺上的情景；

· 剛剛進入校園時認識的第一個同學是誰；

· 　你聽到過的最有趣的故事，並講述出來；

· 　回憶一下自己第一次出遠門時的情形。

　　當你把這些答案都寫出來時，你就會發現，原來自己的記性這麼好，能夠記住的這麼多是事情，這對提高你的記憶自信心有很大的幫助。

記憶主動性訓練 —— 讓「我討厭記」變成「我喜歡記」

　　我們都有這樣的經歷，自己感興趣的內容會記得特別快，而對自己不感興趣的內容則是過目就忘。德國詩人歌德說：「哪裡沒有興趣，哪裡就沒有記憶。」

　　對於不喜歡學習英語的學生，記憶英語單字是一件很苦惱的事情，而對於喜歡英語的學生而言，記憶英語單字是一件簡單而又有意思的事情，並不需要刻意去記憶，只需要多看幾次，就可以記住。在生活中，這樣的例子也是比比皆是，例如：你會對上學路上途徑的玩具店記憶猶新；對喜歡的流行歌曲唱一遍就會記住全部的歌詞。

　　為什麼記憶這些內容就能輕而易舉呢？這就是因為興趣所在，記憶就變得輕而易舉。大量的科學實驗表明，情緒狀態對於記憶有很大的影響，積極的情緒狀態，或者能夠引起積極情

緒體驗的事物，記憶能夠保持的時間就較長；消極的情緒狀態，或者能夠引起消極體驗的事物，記憶也可以保持較長的時間，然而，這對自身的成長是不利的。

因此，記憶力的關鍵就是助長自己對學習的興趣和熱情。那麼，怎樣做才能讓自己從「我討厭記」變成「我喜歡記」呢？

一、激發對記憶資訊的興趣

興趣是記憶的源泉，只要把知識納於興趣之中，不管多麼難以記憶的資訊都可以順利掌握。

通常我們都喜歡直觀而形象的事物，根據這樣的心理特點，可以利用具體直觀、生動鮮明的事物來激發自己的興趣，幫助自己去記憶。

例如：在學習英語單字「egg」事，雖然很短的單字，但是如果不感興趣，也很難記住。這時，就可以認為「g」代表雞，「e」形似一個雞蛋，兩隻雞下了一個蛋，於是就有了「egg」。

激發自己的學習興趣

在美國有一種開放式的小學，小學裡面的牆壁被改裝成能夠自由移動的裝置。有些地方甚至連課桌也不用，完全讓學生依照自己的想法去計畫、去讀書、去選課。結果是，學生在理解和記憶方面的能力提高了很多。

因此，要激發自身的學習興趣，學習的環境很重要。要想

辦法身處在一個自己喜歡的環境中，這樣才能高高興興的去學習，也能夠輕鬆的記憶。不要在父母的責罵中學習，否則對學習的興趣完全被厭煩代替，學習的效果和記憶的效果都會有所下降。

有一位家長發現自己的孩子學業成績雖然不理想，但是卻十分喜歡唱歌，聽過一遍的歌，就能夠唱下來，而且歌詞和旋律都是正確的。在孩子的強烈要求下，家長給孩子買了一把吉他。基本上不用老師教，孩子自己看了一遍教程，就能夠演奏一些簡單的曲子，練習過一段時間後，只要是聽過的旋律，孩子都能夠用吉他演奏下來。

透過孩子在音樂方面表現出來的天賦，家長發現了孩子學習不好並不是因為腦子不夠靈活，而是沒有找到興趣所在。於是，家長從此入手，幫助孩子尋找學習中的興趣。漸漸的，孩子對學習的興趣越來越濃厚，除了音樂方面，學業成績也有了很大的提高。

在遊戲中記憶

我們都會對遊戲感興趣，在遊戲中所遇到的內容也會在自己的大腦中留下深刻的印象。因此，如果能夠把需要記憶的內容融入到遊戲中，在遊戲中不知不覺去記憶，學習肯定就變成了一件有趣的事情。那麼，我們怎樣把知識加工成有意思的遊戲呢？

例如：在學習數學時，可以與家長比賽心算，獲勝的一方有相對的獎勵；或者利用玩撲克來「算二十一點」加深對乘法口訣的記憶和四則運算的記憶。

總之，只有把快樂融入其中，才是符合自身成長發展的規律的，才能將記憶變成一件快樂的事情。

【記憶小常識】

興趣對記憶的作用

1. 當你感到有興趣時，大腦處於積極的狀態，有利於在大腦皮質形成興奮中心，有利記憶；
2. 通常對於自己感興趣的事情都會高度集中注意力，這樣可以增強記憶；
3. 興趣可以誘發你的形象力，促進記憶；
4. 興趣還可以誘發你的求知欲，提高記憶效率；
5. 興趣可以挖掘出你的內在潛力，激發出巨大的記憶潛力。

【快樂小叮嚀】

培養學習英語的興趣

如果你也對英語感到束手無策，那麼可以透過培養自己對英語的興趣來提高自己對英語的記憶能力。學習英語時，有很多方法可以提高自己興趣，如：

「角色扮演」

　　這個方法需要同學或者是家長的配合，每個人扮演卡通中的一個角色，用簡單的英語對白，排演成一個小小的話劇或者是舞臺劇。《白雪公主》、《灰姑娘》、《獅子王》等都是不錯的題材，既能引起自己的興趣，又能鍛鍊自己的英語口語水準，並且加強了自己對英語單字以及句子的記憶。

記憶交替性訓練 —— 讓記憶不再走「單一」路線

　　記憶交替性訓練，就是訓練自己把不同性質的識記資訊按時間分配、交替進行記憶的方法。

　　科學研究表明，長時間單純識記一門學科知識的效果不好，因為具有相同性質的資訊對腦神經的刺激過於單調，時間一長，大腦的相應區域負擔過重，容易疲勞，將會由興奮狀態轉為保護性抑制狀態，表現為頭昏腦脹，注意力不集中，這就不利於記憶。

　　很多學生在學習的時候總是喜歡一味的學習一門課程，常常是學習的時間很長，但效果卻不盡人意。甚至有些學生由於某科是弱勢科目，於是就增加這一科學習的時間，長時間的對著這個科目記憶知識點，以為自己的成績可以有所提高，但是結果卻總是令人失望，不但無法輕鬆的把這些知識點記住，而且還造成記憶疲勞，影響其他科目的學習，可謂是得不償失。

這並不是因為自己腦子遲鈍，事實上是你在學習的時候過於長時間單一記憶造成的。俄國哲學家車爾尼雪夫斯基說：「變換工作就等於休息。」因此，學生應該改變「單一記憶」的不良習慣，嘗試運用「交替記憶」的方法，即把不同性質的記憶資訊按時間進行分配，交替進行記憶，從而提高記憶的效果。具體做法如下：

一、文科 —— 理科，交替記憶

在學習時，可以把語文、數學等不同的課程交替學習。例如：先學習一個小時的數學，然後休息十分鐘，再學習一個小時的語文；或者，當做完一套數學題時，可以看一些小說、散文，或是讀一讀報紙。這種做法經過現實的證明，對於記憶是十分有效的。

西元 1886 年 12 月，居禮夫人在給亨利‧埃特寫的信中說：「我同時讀幾種書，因為專研究一種東西會使我的大腦疲倦，它已經太辛苦了！若是在讀書的時候覺得完全不能從書裡吸收有用的東西，我就做代數和三角習題，這是稍微分心就做不出來的，這樣它們就又把我引回正路上去。」

同時，經過生理學家研究發現，人的大腦左右分工不同，而不同學科在大腦中使用的腦區也是不同的。人的左腦側重於邏輯與抽象思維，右腦則側重於形象思維。所以，當在做數學

等理科習題時，大腦左腦容易疲勞，這時就應適當的調節大腦的思維，換一下學習內容，可以做語文作業，也可以背英語單字，使左右腦得到輪流休息，有利於提高學習效率。

因此，文理交替學習，能夠使大腦皮質中興奮，從一個區域轉移到另一個區域，使大腦皮質的神經系統不至於疲勞，而且還能讓數學、語文等不同科目的學習互相促進。這種交替學習既可避免前後學習內容互相干擾，也可避免出現越學越無趣的情況出現，從而促進記憶。

二、新知識 —— 舊知識，交替記憶

舊的知識點是新知識點的停靠點，在學習新知識的時候，可以連繫舊知識點，對新知識點進行記憶。使新舊知識交替進行記憶，這樣，不但可以加深對新知識的理解，還可以提高對舊知識的記憶。

三、學習 —— 活動，交替進行

良好的活動就是積極的休息，同時也是積極的學習。美國政治活動家菲利浦斯說過一句話：「能利用空閒，把它當成發展心靈的方法，並且熱愛好的音樂、圖書、戲劇……他們是世界上最快樂的人。」

因此，當學習一門功課出現疲勞時，可以運用記憶與活動交替的方法，比如：聽一首優美的曲子，到戶外去散步十分鐘，

做做體操讓肢體得到放鬆，這些活動都可以避免可能出現學習疲勞，延長自己大腦興奮的時間，讓自己少承擔一些不必要的壓力和痛苦。

四、上課 —— 下課，交替進行

有的學生學習比較刻苦，經常利用課下的時間掌握時間學習。有這種習慣的學生要注意了，課堂上就在學習了，因此，下課十分鐘一定要適當活動一下。

學校課程時間的安排都有具有一定的科學性，之所以有下課十分鐘，就是用來調節學生的身心，如果你下課不出教室，或者連續學習，這是違背人體身心發展規律的。有些學生看到其他同學在教室裡學習，以為自己也應該學習，似乎不學習就會落後，這種盲目比較的心態是不正常的。

而且，下課十分鐘除了讓自己身心得到放鬆外，也是做好上下一堂課的準備，這個準備不僅僅是物質的準備，更是精神狀態的準備，因此，必須透過適度的活動來調節自己的精神狀態，這樣下一堂課的學習效果才會更好。

【記憶小常識】

交替法是在一定時間內，輪換學習（包括作題）各門學科。大多數人都是「喜新厭舊」，它符合人的身體和心理自然規律。比如：總做一件事，無論是作為物質上的身體還是

181

作為精神上的心理都會產生厭倦和抵觸。然而順應這一規律的正確方法就是不斷的棄舊迎新。當然，新和舊是轉換的相互取代的，新轉化為舊，舊又變為新。

【快樂小叮嚀】

下課十分鐘的利用直接關係到下一節課的課堂效率如何。因此，一定要重視起課堂十分鐘的休息時間。

不要利用下課十分鐘做家庭作業或看書，因為這樣做實質上還在繼續用腦，大腦並沒有得到休息。而且繼續用眼，長時間用眼會引起視力下降。也不要一下課就在操場上亂奔亂跑，玩得滿頭大汗，這樣心臟一下子平靜不下來，這種劇烈運動會妨礙下一堂課的學習。這都不是好的休息方法。

正確的休息方法是，可以把教室的門窗打開，進行充分換氣，保持空氣清新。也可走出教室到外面呼吸新鮮空氣，或望遠，與同學們談談聊聊，使大腦休息一下；還可以和同學們一起跳繩、玩球，做一些小運動量的活動。活動能使全身血液加快循環，給疲勞的視覺器官和聽覺器官補充養分，提高視聽能力，改善大腦皮質的協調指揮能力。

記憶高效性訓練 —— 分段記憶，效率更高

大多數都認為，記憶的效率是一成不變的，如果記一百個字需要十分鐘，那麼即三百個字就需要半個小時。事實上真的

是如此嗎？

我們可以親自驗證一下。

首先選擇三篇文章，第一篇一百字左右，第二篇兩百字左右，第三篇五百字左右，這三篇文章的難易程度要相似。

然後，分別記憶這三篇文章。直到覺得自己可以把文章背誦出來了，就可以背給家長聽，家長則檢查自己背誦得正確與否。如果背誦有錯誤，則繼續閱讀、記憶，直到能夠一字不錯的把整篇文章背誦下來。

最後，把能夠一字不錯的背誦這篇文章所花的時間記錄下來。然後在能夠一字不錯的背誦一篇文章後，再去記憶第二篇、第三篇。在完成一篇文章的記憶後，要休息二十分鐘再去記憶下一篇。

當三篇文章都背誦完後就會發現：文章的字數越多，記憶效率就越低。那麼，怎樣才能避免大量的資訊給記憶帶來的影響呢？有人曾介紹豐子愷先生的「二十二遍讀書法」。

二十二遍讀書法，顧名思義就是把一本書讀二十二遍。當然這二十二遍不是一氣完成，而是分四天進行的。第一天讀十遍，第二、三天各讀五遍，第四天讀兩遍。這種讀書法也叫做分布識記法，這是以一種既省力又科學的記憶方法。

心理學家沙爾達科夫，曾做過這樣的測試：

分別讓兩組學生識記同一詩篇，一組採用集中在一個時間

內，將識記的資訊反覆學習，直到記熟為止的集中方法，另一組採用在三天內，每天唯讀一遍，最後記熟的分布記憶方法。

　　測試的結果發現，分布識記比集中識記的方法好。在分布識記時，人的大腦神經細胞可以得到適當的休息；反之，老是重複同一資訊，單調刺激容易引起大腦皮質的保護性抑制。分布識記也就是分散記憶。所謂分散也有一個限度，不能認為越分散越好。過短的資訊不宜分散記憶。同時還要掌握好間隔時間。間隔時間太長容易造成遺忘，間隔時間太短，又容易受到干擾。

　　由此得出，把「集中記憶」轉變為「分布記憶」會使記憶更加高效率。那麼，我們應該怎麼運用呢？

一、大篇幅的記憶資訊分段記憶

　　在面對大篇幅需要記憶的資訊時，最主要的不能對自己缺乏信心。缺乏信心時就會有一種「不知從何入手」的感覺。其實，只要把這些大篇幅的內容分成幾個部分去記憶，這樣每段都有開頭和結尾，就等於人為的製造了增進記憶條件。

二、大量的記憶資訊也可分段記憶

　　如果一次性記憶一百個單字，會覺得記憶量很大，而且極不容易記憶。但如果把一百個單字分成十組，每組十個，一天記憶一組，只需要堅持十天，就能夠記住這一百個單字，而且

每一個單字都記憶深刻。

最後，需要注意的是，分段記憶也有個尺度，並不是分得越散越好。通常情況下，過短的資訊不宜分段記憶。同時，還需要掌握好間隔的時間，在記住一段以後，最好回過頭來連結前面已經記住的段落，這樣可以整理一下記憶的思路，能夠根據一個明確的線索繼續前進。

【記憶小常識】

心理學研究表明：前後記憶的內容會相互干擾，從而影響記憶效果，在記憶過程中，先記住的事物對後記住的事物有抑制作用，叫前攝抑制；後記住的事物對先記住的事物也有抑制作用，叫倒抑制作用。

【快樂小叮嚀】

選擇提高記憶效率的顏色

色彩心理學家把各種那個顏色分類一下特徵：

- 紅色或者是黃色，是可以讓心情高昂的顏色；
- 灰色，是讓人感到孤獨的顏色或冷靜的顏色；
- 藍色，是會讓人覺得認真而堅定的顏色；
- 綠色，是讓人覺得心安的顏色；
- 橙色，是讓人感到溫暖的顏色。

由此可見，在學習時應該選擇讓自己感情趨於穩定的顏

色，如，藍色、灰色等冷色系；紅色、橙色、黃色等暖色系會刺激自己的情感，使自己無法全身心的投入到學習當中。

第五章

評估自己的記憶能力

你對待生活的方法

　　本問卷由二十個問題組成。請仔細閱讀每個問題及其答案，然後選出最適合的答案。

你是否覺得自己是個邏輯性思維很好的人？

1. 完全不是
2. 有一定的條理
3. 非常有條理

在你參與一個重要儀式時，下列哪個答案最能說明你的狀態？

1. 發現自己思緒漂移出去，想著其他事情
2. 只要主題有趣，就能很好的吸收資訊
3. 總是能隨時集中精神並記得住

你亂放門卡嗎？

1. 經常會
2. 有時會
3. 從不

你有做事進程規劃表嗎？

1. 沒有

2. 試過，但發現難以隨時更新

3. 有

一週七天內你是否經常性感覺大腦糊里糊塗？

1. 是的

2. 有時

3. 沒有

你是否感覺有很多事情還沒有完成？

1. 是的，我不太擅長於熟練掌握事情

2. 我有時不得不加班以跟上進度

3. 不會，我基本上能掌控局勢

你是否認為很多密碼讓你難以記牢？

1. 是的，我很難記住這些東西

2. 我偶爾會在想它們時碰上些問題 —— 因為我對不同的東西設的密碼不同

3. 不會，我用的密碼不僅熟悉而且易記

你是否在進入一個房間的時候忽然忘記目的是什麼？

1. 經常

2. 有時

3. 從未有過

你經常購買新鮮的蔬果嗎？

1. 不
2. 盡量
3. 是的

你能準確的記住他人的一些生日嗎？

1. 不能，我記不住日子，所以不知道什麼時候該送禮物
2. 只記得同我關係密切的人
3. 是的，我有生日的清單

你經常三心二意嗎？

1. 是的，我發現難以讓自己長時間的把注意力集中在某件事情上
2. 有時
3. 從不

你認為新資訊好記嗎？

1. 不
2. 如果聽得仔細的話
3. 是的

你是否讓你的思維保持活躍？

1. 並不完全如此

2. 盡量

3. 是的

你也經常亂塗文字圖畫嗎？

1. 經常

2. 有時

3. 從不

你的家庭開支很好嗎？

1. 沒有

2. 有一定的條理

3. 是的，我先會以一定的次序將它們排列，所以總能
   按時開支

你經常健身運動嗎？

1. 從不，我討厭做身體鍛鍊

2. 有時

3. 至少一週兩次

你經常遺失東西嗎？

1. 經常

2. 有時

3. 從未

你能很容易記住陌生人的名字嗎？

1. 幾乎不能
2. 有時能
3. 每次都能

你有沒有做過白日夢？

1. 經常
2. 有時
3. 幾乎從未

你是否對一些時間過於緊張？

1. 經常
2. 有時
3. 幾乎從未

把你所選答案的序號加起來（序號即代表得分），看看你屬於哪一類記憶個性。

得分

20～30分：最佳化程度差

你也許精神不太集中，感到自己的記憶力不是很好。你可能條理性較差。你似乎不太積極利用記憶策略或如列清單之類

的幫助記憶的工具。你的生活方式可能也不是特別健康。

　　如果你屬於這種個性類型，就要多下工夫學習提高注意力以及使用記憶策略，從而提高自己的日常記憶功能。專心致志是吸收資訊並將其存儲起來的基礎。記憶策略或記憶幫助工具能幫助你更好的存儲記憶資訊。你可能還需要考慮改善你的生活習慣，因為健康對你的記憶力會產生很大的影響。

31～45分：最佳化程度中

　　你的生活也許安排得還可以，但感到可以有更好的記憶力。你也許相當有條理，但還有提升的空間。你試過以一種健康的生活方式生活，但並不十分成功 —— 因為你感到自己太忙了。

　　你應變得更有條理，學會更有效的利用記憶策略，並學習新的策略，會極大的改善你的記憶和注意力。生活方式的改進也應該成為你總體提升計畫的一部分。

46～60分：最佳化程度好

　　你的記憶力可能已經不錯並能有效的利用記憶策略。你可能也正努力以一種健康的生活方式生活。因此，緊張程度相對較低。

　　提升的空間仍然存在 —— 如果你對記憶是如何運作的了解得更多並學習了新的策略，你就可以進一步強化自己的記憶。

第五章　評估自己的記憶能力

什麼是失憶症

　　遺忘症是指記憶的完全喪失。病人對一定時間內的生活經歷，或者全部喪失，或者部分喪失。有的人由於大腦皮質受到損害而導致遺忘。往往近事遺忘出現較早，包括順行性遺忘和逆行性遺忘。有的人由於心理因素導致心因性遺忘，往往因為情緒因素影響記憶喪失。包括選擇性遺忘、分離性遺忘和界限性遺忘。

【快樂小叮嚀】

　　食療調理遺忘症候群：

· 菜色：黑豆煮桂圓紅棗
· 配料：黑豆 50 克，桂圓肉 30 克，紅棗 15 枚。
· 製法：將黑豆、桂圓肉、紅棗放入鍋中，加水煮爛，拌勻。
· 藥用：早、晚分服。

評估你的臨時記憶

1. 評估你的數字記憶能力

　　叫一個朋友讀出如下次序的數字，你的任務是以同樣的次序複述這些數字。試試看你做得怎麼樣。

1813714375829654162534951920

得分少於 5 個：差；5～9 個：中等；多於 9 個：好。

2. 評估你的語言記憶能力

看一下下列詞彙並試著記住它們 —— 不要把這些詞彙寫下來。你有一分鐘的時間。

木偶汽車桌子帽子火車足球摩托車玻璃球

上衣椅子謎語直升機毯子褲子沙發襪子

現在把這些詞語遮住，然後盡可能多把這些詞語寫出來。

得分少於 5 個：差；5～9 個：中等；多於 9 個：好。

你注意到這些詞有什麼特殊規律了嗎？如果沒有，再看一次。如果你看得仔細，你將會發現這些詞可以被分成四個主要類別（玩具、交通工具、家具、服裝）。增強記憶最簡捷的方法之一是將有關專案按類別組合。這能降低記憶的負荷，從而使記憶更加容易。

3. 評估你的形象和立體記憶能力

仔細觀察下面的十個圖形一分鐘，努力記住它們，看你能記住多少？

得分少於 4 個：差；5～7 個：中等；8～10 個：好。

4. 評估你的視覺識別記憶能力

看下面的這組圖。它們中哪些你在前面看見過？把你之前看見過的圖勾出來，然後對照一下，看你答對了多少。

5. 評估你的故事記憶能力

閱讀以下段落。不要記筆記，但在手邊準備好紙和筆以備後用。

羅先生正走在去一家超市的路上，他要買早餐、一瓶啤酒、兩斤雞蛋，以及一些甜品。當他沿著人行道往回走時，看見一位女士在一塊石頭上絆了一下，摔倒在地，撞到了頭。他趕緊跑過去看她是否需要幫助，並看到她頭上的傷口正在流血。他奔向附近最近的房子，敲開了門，告訴來開門的女子發生了什麼事情，並請她打電話叫人幫忙。十五分鐘後，來了一輛救護車，把受傷的女士送進了醫院。

現在，把這個段落蓋起來，然後根據記憶盡可能的（盡可能按照原來的詞句）寫出這個故事。

得分

你能回憶起多少條資訊？少於 15：差；16 ～ 25：中等；超過 25：好。

大多數人肯定能記住故事大概，而且可能還能記住一些細節，然而要一字不差的寫出這樣一個故事則是一件很困難

的事情。

我們大多數人在閱讀書報時往往只記住大概意思而不是逐字逐句的通篇記憶。這是因為，雖然詞句是重要的，但我們的記憶幅度是有限的；所以詞句就成了故事的「路徑」，因而我們記住的只是大概的意思。幸運的是，重要的是詞句所傳遞的是內容而不是詞句本身。人類的記憶也更善於記住值得記憶的片段或那些同我們個人有牽連的東西。

6. 評估你的識別記憶能力

看一下下面的這些詞彙並記下那些在前面的練習中出現過的。不要翻回去看，你能認出哪些詞彙自己在前面看見過嗎？

木偶足球垃圾箱熨斗汽車帽子輕型火車摩托車房子上衣直升機毯子沙發謎語窗戶

得分

對照一下，並計算你的得分。認出少於 9 個：差；9 個：中等；10 個以上：好。

我們大多數人非常善於識字。識別往往是作為記憶自然的提示，因為詞彙本來已經存在於你的大腦中了，你只需要分辨哪些見過、哪些沒見過。它所需要的努力要比回憶少一些。我們的記憶系統有一個怪癖，即回憶可能來自相同類別的普通項目比較容易，但識別不太普通的項目相對更容易。專案越是類

似或普通，就越是難以分辨。

【記憶小常識】

　　根據記憶內容的變化，記憶的類型有：形象記憶型、抽象記憶型、情緒記憶型和動作記憶型。

　　C 形象記憶型是以事物的具體形象為主的記憶類型。

· 抽象記憶型也稱詞語邏輯記憶型。它是以文字、概念、邏輯關係為主要對象的抽象化的記憶類型，如，「哲學」、「市場經濟」、「自由主義」等詞語文字，整段整篇的理論性文章，一些學科的定義、公式等。

· 情緒記憶型，情緒、情感是指客觀事物是否符合人的需要而產生的態度體驗。這種體驗是深刻的、自發的、情不自禁的。所以記憶的內容可以深刻的、牢固的保持在大腦中。

· 動作記憶型是以各種動作、姿勢、習慣和技能為主的記憶。動作記憶是培養各種技能的基礎。

【快樂小叮嚀】

長期熬夜的人如何增強記憶力

　　多吃核桃等堅果類，因為其含有豐富的不飽和脂肪酸，能提供大腦必需的營養。同時多喝益生菌優酪乳，可促進腸道蠕動防止便祕（便祕會使記憶力減退）。最重要的是多進行有氧運動，促進血液循環，防止腦供血供養不足！

評估你的長期記憶

1. 評估你的經歷性記憶能力

這一類型的記憶往往有不同的種類。

試試看回答以下問題：

- 你的外祖父叫什麼名字？
- 你的出生地是哪裡？
- 你第一個喜愛的玩具是什麼？
- 你兒時最愛吃的零食是什麼？
- 你小學三年級時的班導姓什麼？
- 你的外祖父是做什麼工作的？
- 形容你外祖父的外貌。
- 想一件你五歲前收到的禮物。
- 想像一下你成長的環境，有什麼讓你印象深刻的工具？
- 你小時候的鄰居是誰？
- 你第一天上小學時穿什麼衣服？
- 你的第一位老師是誰？
- 你小時候做的最頑皮的一件事是什麼？
- 你最早的記憶是什麼？
- 你十一歲時的隔壁桌同學是誰？
- 哪位老師你非常不喜歡？

199

第五章　評估自己的記憶能力

- 你能否記起在學校用心學過的文章？
- 第一個讓你心動的人是誰？
- 你第一個約會的人是誰？
- 第一個傷你心的人是誰？
- 十一歲時，誰是你最好的朋友？
- 你記憶最深的第一個假期是什麼？
- 你記憶中最早的節日是什麼？
- 描繪一件你喜歡的玩具。
- 你什麼時候學的自行車？
- 誰教會你游泳的？
- 你第一個真正的朋友是誰？
- 你童年最喜歡的遊戲是什麼？
- 你五歲時最喜愛的電視節目是什麼？
- 你的第一個紀錄是什麼？
- 你在小學時最喜愛的體育運動是什麼？
- 你對較早之前的往事有沒有一個深刻的記憶？
- 有沒有一種特殊的氣味能使你生動的想起往事？
- 你的第一隻寵物叫什麼名字？
- 你給喜愛的玩具取了多少名字？
- 你能不能詳細的記起十一歲前的考試片斷？
- 你五歲前最喜愛的歌曲是什麼？
- 你十一歲之前是否有自己的朋友圈？列舉兩位朋友。

- 你能否記得小時候幸運避免的一些事情？
- 你童年時生的最嚴重的一場病是什麼？
- 你一生中最美好的回憶是什麼？
- 你有沒有童年的摯友，闊別已久後再次見面？
- 你是否記得高中時的一些數學公式？
- 相對於最近發生的事，你是否更容易記得往事？
- 你能否記得當你第一次聽到戴資穎奪冠時，你身處何地？

得分

30 項以下：差；30 項：中等；超過 30 項：好。

大多數人在這個測試中都能完成得很好，基本上能回答三十多道題。一旦你開始回答這些問題，你就會促使自己回想更多的往事。這種回憶的感覺會持續很久。也許它還能促使你拿出一些舊照片或紀念品懷念，給老朋友打電話，或者找尋失去聯繫的朋友。一旦你的永久記憶受到激發，它將發揮巨大的功能。你會驚嘆於你能回憶的所有細枝末節。

你可能會發現以上有些事情比其他的更容易記得。如果當時有重要事件發生或該事件對你有著不同尋常的意義，那麼記起自己當時在哪裡或在做什麼就容易得多。這是因為，我們沒有必要記住我們生活中的每一個時刻。我們的記憶會自動的對資訊進行篩選，於是我們就會忘記我們所沒有必要知道的東西。

第五章　評估自己的記憶能力

2. 評估你的語義性記憶能力

你的常識怎麼樣？語義性記憶是我們自己對事實的個人記憶。試試看回答以下問題，並看一下你的知識怎麼樣。

- 葡萄牙的首都是哪裡？
- 《仲夏夜之夢》的作者是誰？
- 青黴素是誰發明的？
- 「大陸漂移學說」是誰提出的？
- 離太陽最近的第五顆行星是哪一顆？
- 曼德拉是在哪一年被釋放的？
- 美國獨立在哪一年？
- 一支足球隊有多少名運動員？
- 蓋亞那位於哪個洲？
- 在身體的哪個部位可以找到角膜？
- 到達北極圈的第一位探險者是誰？
- 《物種起源》的作者是誰？
- 與南美洲接壤的是哪兩個大洋？
- 比利時的首都是哪裡？
- 靜海在什麼地方？
- 第一次世界大戰的起訖日期是什麼？
- 捲入水門案醜聞的美國總統是哪一位？
- 拿破崙最後被放逐到什麼地方？

· 色彩的三原色是什麼顏色？

· 喬‧拜登是哪一國的總統？

得分少於 10 個：差；11 ～ 15：中等；16 ～ 20：好。

答案：

里斯本；莎士比亞；佛萊明；魏格納；木星；1990 年；1917 年；11 名；南美洲；眼睛；羅伯特‧愛得溫‧派瑞；達爾文；太平洋和大西洋；布魯塞爾；月球；1914 ～ 1918 年；尼克森；聖赫勒拿島；紅、黃、藍；美國

我們的語義性知識會隨著許多不同的因素而變化，例如你來自何方、你的年齡、興趣，以及其他等等。要擴展你在已經有所了解的方面的語義性知識是比較容易的，因為這些知識更有意義。

【記憶小常識】

生理時鐘是生物體內的一種無形的「時鐘」，實際上是生物體生命活動的內在規律規律規律性，它是由生物體內的時間結構序所決定的。研究證明，生理時鐘與記憶有著密切的連繫。

據生理學家研究，人的大腦在一天中有一定的活動規律、記憶規律和最佳記憶時段。據美國每日科學網站日前報導，生物學家諾曼‧魯比透過對西伯利亞倉鼠的研究發現，正常運轉的生理時鐘對於倉鼠的記憶力是至關重要的。他

說，如果沒了生理時鐘，「牠們就什麼都記不住」。

【快樂小叮嚀】

用心呵護記憶力

　　美國《預防》雜誌曾刊文指出，科學家發現，一些人們想不到的因素往往會影響記憶力。試試下面的方式，能幫你有個好記性。

1. 控制膽固醇：波士頓布瑞根醫院研究人員發現，血脂異常是導致老年痴待的一個危險因素，壞膽固醇會阻礙腦部血液循環，剝奪腦部營養。

2. 補點鐵：鐵幫助記憶所必需的神經傳遞素正常發揮作用，大腦對低鐵含量很敏感。停經期婦女補鐵能改善記憶功能。

3. 細查藥物：大量服用各種藥物的副作用就是記憶力迅速下降。加州大學記憶與衰老研究中心主任表示，抗憂鬱藥、安眠藥、潰瘍藥、止痛藥都能影響你的記憶。

4. 避免一心二用：一邊回電子郵件一邊聽新聞，可能會限制你的記憶。加州大學洛杉磯分校研究人員說，多重任務會減少記憶內容。因為在此過程中，大腦被迫將處理一半的資訊轉放到另一個區域，而儲存在這裡的資訊往往包含較少的重要細節。

5. 相信你的大腦：北卡羅萊納州立大學研究人員發現，擔憂、健忘會影響人的記憶力，所以「要對自己的大腦自信些，這會讓你變得更聰明。」

評估你的前瞻性記憶能力

我們大多數人過著繁忙的生活。以下哪件事情你會經常忘記？

買單（或者是否已經付過帳了）

1. 經常
2. 有時
3. 從不

計劃好的聚會日期

1. 經常
2. 有時
3. 從不

觀看期待已久的電影

1. 經常
2. 有時
3. 從不

下一週的計畫

1. 經常

2. 有時

3. 從不

長期出差前取消家用電話和網路的使用

1. 經常

2. 有時

3. 從不

出行前整理好私密生活用品

1. 經常

2. 有時

3. 從不

晚上睡覺前調好鬧鐘

1. 經常

2. 有時

3. 從不

健身

1. 經常

2. 有時

3. 從不

送朋友生日卡片

1. 經常

2. 有時

3. 從不

拜訪朋友

1. 經常

2. 有時

3. 從不

得分

把你所選答案的序號加起來。10～15：差；16～25：中等；26～30：好。

每個人都對不時會忘記做一些事情而感到愧疚，而且這還令人非常沮喪。這種類型的記憶好處是易於改善。只要稍微有點條理，再加上一些簡單策略的幫助，就可以提高這方面的記憶。有時，生活似乎為許多小事所占據，有條理可以幫助清理你的思路，以便處理更為有趣的事情。

【記憶小常識】

環境變化對我們的學習也有影響

心理學家做過這樣的實驗：讓兩組人在兩個不同的房間

裡學習同樣一份資訊，學習完成以後，讓每一組人中的一半留在原來的房間做測驗，另一半到另一組人學習的房間去做測驗，結果發現留在原來房間參加測驗的人平均成績都好於去另一個房間做測驗的人。心理學上把這種現象叫作「記憶的場合依存性」。

【快樂小叮嚀】

　　複習到什麼程度才不會忘記呢？有沒有什麼方法可以讓我們記住以後不會再遺忘？

　　心理學家發現如果你學習知識時，記住以後再繼續學習幾遍就不大會遺忘了。艾賓豪斯當時做實驗是學習到剛剛能記住為止，所以他不知道這個道理。那麼，到底要多學習幾遍呢？一般來講，如果你在學習了十遍才記住知識的話，再學習五遍就可以了。也就是說，學習的程度達到150％時效果最佳。讀者如果不喜歡定期複習的話，可以試試這個方法。

你適合什麼記憶方法

　　我們有三種記憶方法 —— 看、聽和做。在這三種方法中，每個人都有自己偏好的一種，第二種就作為輔助方法，第三種方法使用起來可能會比較不舒服。一些人很幸運，他們能夠同時對三種方法得心應手，也有一些人沒那麼幸運，他們不能

使用其中一種或兩種方法，（比如：盲人就不能使用視覺這一方法）。

下面的測試就將告訴你，你比較適合哪種記憶方法。

在課堂上，你可以用很多方法來學習。你偏好哪一種？

1. 聽老師講
2. 從黑板上抄錄筆記
3. 基於課堂上學到的知識，自己做一些練習

電影結束後，你感覺自己對看電影前後過程中哪些事情記得最清晰？

1. 電影中的對話
2. 電影的動作、情節
3. 你自己做的一些事：坐車到電影院、買票和食品

自行車輪胎壞了，你怎麼處理？

1. 找一個朋友，讓他描述如何修理輪胎
2. 買整套的修理工具，自己閱讀修理說明書
3. 自己摸索著怎麼修理

如果你想記住好萊塢明星的名字，那麼，你會：

1. 將名字都找個相關的事物來記
2. 看肖像記名字

3.　找一些關於他們的圖，然後存在相簿

對於你喜歡的一首曲目，你最喜歡做下面哪件事？

1.　學習歌詞
2.　經常看歌曲錄影
3.　試著模仿歌曲的舞蹈

你的邏輯思維能力感覺好嗎？

1.　很差
2.　很好
3.　相當好

你的手工做得如何？

1.　一般
2.　很好
3.　很差

當你聽到一則故事，你會：

1.　能夠很詳細得記錄下來（一些片斷還可以逐字記下）
2.　在腦中形成故事的一些片斷
3.　很快就會忘記

兒時的你最喜歡做下面哪件事？

1. 閱讀
2. 繪圖和油畫
3. 按形狀分類遊戲

如果你出差到一個新的城市，你怎樣去熟悉周圍的交通路線？

1. 詢問當地的人弄清方向
2. 買一張地圖或是用 Google Map
3. 慢慢閒逛一直到你熟悉道路的分布

下面你很容易就記住的是：

1. 別人告訴你的話
2. 看東西的方式
3. 自己做的事

下面的哪個你能最形象的記住？

1. 在學校學到的詩歌
2. 母校的樣子
3. 學習游泳的感覺

當你做園藝的時候，你會：

1. 知道所有花草的名字

2.　記得植物的樣子，但是會忘記它們的名字
3.　專注澆水和修剪

日常生活中，你會：

1.　每天都讀報
2.　確保每天都能看新聞
3.　不是每天閱讀新聞，因為你有更實際的東西需要做

下面的哪項會讓你感覺糟糕：

1.　受損的聽力
2.　受損的視力
3.　受損的行動能力

測試答案

聽力偏好者：

　　如果你的答案「1」占大多數，那麼，你偏好聽力這一記憶方法。你喜歡聽聲音，特別是語言，你能很容易接收它們所傳達的資訊。相比其他的一些學習方法，你更傾向於記住或理解用耳朵聽到的資訊。

視覺偏好者：

　　如果你的答案「2」占大多數，那麼，你偏好視覺這一記憶方法。你對視覺感觀能力最強，透過視覺能夠抓住很多資

訊。相對於其他的方法，你用視覺的方法能更好的理解以及記住資訊。

實踐偏好者：

如果你的答案「3」占大多數，那麼，你偏好實踐這一記憶方法。你能從實踐中學到最多，你戴起手套做五分鐘的實踐演練勝過你坐在教室裡花幾個小時來聽講。你會發現，你不僅僅在一個類型的題目中有很好的答案。其實，很少有人只局限在一種記憶方法上。當然，你可以結合三種記憶方法，因為這樣能大大提高記憶效率。如果你發現你很不習慣使用一種記憶方法（比如視覺），可能是你還沒找出不能使用這一方法的問題所在。你應該做個視力檢查或配一副眼鏡，你會發現世界煥然一新。

【記憶小常識】

我們在學習新東西的時候，如果學到的東西與我們自身有密切關係的話，學習的時候就有動力，而且不容易忘記。因為我們在回憶有關自己的事情時，最不可能出現遺忘，我們把這種現象稱為「記憶的自我參照效應」。

【快樂小叮嚀】

英語學習中，單字記憶是學生們普遍頭疼的一個大問題。很多學生抱怨單字總是記了又忘，忘了又記。舉個簡單

的例子，進入一個三十人的新班級，第一天你只能記住幾張臉孔，幾個名字；第二天，可能會忘了之前記住的人和名。但是隨著相處的時間越長，加上老師經常點名，一段時間後，班上裡同學的名字都能一一道來。這和我們學習英語記憶單字是一個道理，透過不斷的重複和多樣的練習，就會將新鮮詞彙融入到日常詞彙中，變為你詞彙庫中的一部分。

在這裡給大家一個小建議，不妨自己製作一個迷你小字典。將平日裡接觸到的詞彙，歸納詞義和用法，記在小筆記本上，方便隨時翻查。雖然這是項耗時的工作，但的確有效。希望以上這些建議能對你的學習有所幫助。

附：語文記憶要領

一、古詩詞學習法

在中學階段的語文學科裡，對古詩詞的學習是很重要的，這裡介紹幾種記憶古詩詞的方法：

第一，分層理解法

要想牢記一首詩或詞，先要弄懂它的含義。比如：根據敘事、寫景、抒情的幾個層次，歸納一下，了解全詩的大意，再反覆讀，印象就深了。

第二，抓領頭字句法

背誦中常有這種情況，明明一些背得很熟的詩，往往在中間卡住。這時，如果有人提示一下某段的「領頭句」或某句的「領頭字」，就能很快的接下來。這說明「領頭句」、「領頭字」，有誘發思維、幫助記憶的作用。

第三，再現形象法

好的詩詞一般都有鮮明生動的形象。經常在頭腦中再現詩的意境和畫面，背誦時就會流暢自如。

第四，定時快讀法

給自己限定時間，限定數量，如五分鐘背出八行詩。閱讀時逐步加快速度，先稍快，再加快。要做到快而不亂，快而不錯。這樣就迫使自己的精神高度集中，使記憶資訊迅速輸入大腦，獲得強烈印象，達到快速記憶的目的。

第五，接力訓練法

為了培養興趣，增強效果，在背誦古詩詞時，可邀幾個同學一起進行接力背誦。經常進行這類活動，也能加強記憶。

二、文言文的閱讀和記憶

文言文在我們的課本中經常出現，而且所占的比重還不小。很多同學一看到文言義就有畏難情緒，不願意學，這進一

第五章　評估自己的記憶能力

步導致其文言文的閱讀能力下降。為此，在這裡為大家總結了文言文五步閱讀法。這五步依次是：

第一，預讀

主要目標是：讀準字音，準確停頓，掌握節奏；了解有關作者作品常識；從整體上掌握文章的基本內容。具體做法是：

· 查閱資料，結合注釋給生字生詞注音；

· 清楚準確的朗讀課文；

· 結合課文注釋和語文工具書，了解有關作者作品常識；

· 結合預習提示或自讀提示從整體上了解課文；

· 透過解題和通讀全文掌握文章的基本內容和文體特徵。

第二，抄讀

主要目標是：熟悉課文，自學存疑，明確學習的重點和難點。具體做法是：

· 勾畫並抄寫課文中的生字生詞、名言警句；

· 勾畫並抄寫課文中的疑難句；

· 記錄在閱讀課文時產生的疑難問題；

· 閱讀並摘抄或做提要、口錄等與課文相關的輔助資訊；

· 結合單元學習的提要、課文預習提示，思考和練習確定學習的重點和難點。

第三，解讀

主要目標是：透過語言分析，具體的感知課文內容，掌握文章所表現出來的作者的觀點、態度或思想傾向，具體做法是：

- 結合語境，透過句子結構和上下文去深入理解疑難詞語和句子的含義；
- 利用中文常識具體分析文中特殊的語言現象，準確的掌握文章；
- 翻譯課文或課文片段，以求從整體上掌握文章；
- 積極參與課堂專題討論，掌握重點難點，在老師的指導下分析解答課後「思考和練習」中的語言訓練題；
- 查閱文獻資料，就重要的實詞、虛詞和語法撰寫語言小論文，以鞏固所學到的知識，強化能力訓練。

第四，品讀

主要目標是：根據思想內容、章法結構、表現手法、語言藝術、藝術風格等方面對文章進行文學和美學的鑒賞性閱讀及評價。具體做法是：

- 從文體特徵出發，總體上掌握文章作為一種「類型」的基本特徵；
- 比較閱讀，從內容和形式方面對文章的具體特徵和作者的藝術個性進行分析；
- 透過課堂專題討論，研究重難點，並分析解答課後「思考

和練習」中的有關文章分析和鑒賞的練習;

- 利用輔助閱讀資訊,把文章放在具體時代和歷史發展中去進行總體的分析,運用辯證的觀點和歷史的觀點對課文進行客觀的評價;

- 撰寫文學評論,以加深對課文的審美理解,從而培養藝術鑒賞和藝術創造能力。

第五,誦讀

主要目標是:加深理解,強化記憶,豐富語言,累積資訊,訓練語感。具體做法是:

- 在理解的基礎上,反覆朗讀,力求熟讀成誦;

- 朗讀品味,背誦名篇、名段和名句,準確記憶;

- 擴展閱讀,研讀與文章相關的資訊,擴大知識面,以求更為全面深刻的理解課文;

- 整理學習筆記,編寫學習小結,以突出重點難點;

- 寫讀後感或思想評論,以求陶冶情操。

三、讀默連寫法

還有一種很實用的語文記憶方法,即「讀默連寫法」。在查閱字典了解文章的內容後,默讀或朗誦數遍後便可默寫,默寫不出的地方則用自己的話續上,完成後默讀一兩遍,或增或刪。把文句疏通,再核對原文,比較優劣,最後修改謄清。這就是讀默連寫法。

比如一個同學要記憶這樣一段散文：

「是的，教師的確像是一片葉子，她本身並不美，既沒有芳草那樣翠綠迷人，也不像鮮花那樣絢爛奪目，她的外表是那麼普通、那麼平凡，春初鵝黃嫩綠，深秋蒼青老翠，然而她的內心卻藏著美的靈魂。她一味默默的生長，毫不吝惜的將自己的綠意滋潤著鮮花和軀幹，精心襯托著、護衛著花蕾，像保姆一樣盡其一生。她從不圖讚揚，不慕榮譽，即便憔悴欲朽，脈絡間依然存著綠的希望，化成春泥護花也無怨，她這種鞠躬盡瘁，死而後已的徹底獻身精神，是何等高尚啊，她終於贏得了人們的口碑。」

在認真誦讀幾遍後，便可開始動手默寫。不連貫的地方就用自己的語言疏通，於是就成了這樣一段短文：

「是的，教師像是一片綠葉，實在是普通極了，既沒有依阿取容的姿態，也沒有搖曳清雅的芳香，她的外表是那麼樸素無華，只有淡淡的綠，然而她的內心卻蘊藏著美的靈魂，總是悄無聲息的透過光合作用給花蕾和枝幹提供養科，精心護衛著鮮花，把她們襯托得更加婀娜多姿。她是鮮花的保姆，但從不炫耀自己；她對大自然只有無私的奉獻，從來想到索取；她鞠躬盡瘁，即使枯黃搖落，化作春泥護花也毫無怨言，這是怎樣一種忘我的精神啊，言語無法形容她的神聖，所有受到她無私滋潤的人們都感謝她的盛意，她應該得到整個社會的敬仰。」

第五章　評估自己的記憶能力

　　這樣的記憶方法不是單純的死記硬背，也不是機械的模仿，在這裡面已融進了他的一份感情，他的思維細胞被調動起來，受到了一次鍛鍊。

電子書購買

國家圖書館出版品預行編目資料

告別金魚腦：頓悟法、觀察法、聯想法、習慣
法 …… 一本書為你量身打造超高效記憶術 / 何
益和，金嬌著 . -- 第一版 . -- 臺北市：崧燁文化
事業有限公司 , 2022.04
　　面；　公分
POD 版
ISBN 978-626-332-182-3(平裝)
1.CST: 記憶 2.CST: 學習方法
176.33　　111002935

告別金魚腦：頓悟法、觀察法、聯想法、習慣法……一本書為你量身打造超高效記憶術

臉書

作　　　者：何益和，金嬌
發 行 人：黃振庭
出 版 者：崧燁文化事業有限公司
發 行 者：崧燁文化事業有限公司
E - m a i l：sonbookservice@gmail.com
粉 絲 頁：https://www.facebook.com/sonbookss/
網　　　址：https://sonbook.net/
地　　　址：台北市中正區重慶南路一段六十一號八樓 815 室
Rm. 815, 8F., No.61, Sec. 1, Chongqing S. Rd., Zhongzheng Dist., Taipei City 100, Taiwan
電　　　話：(02) 2370-3310　　傳　　真：(02) 2388-1990
印　　　刷：京峯彩色印刷有限公司（京峰數位）
律師顧問：廣華律師事務所 張珮琦律師

定　　　價：299 元
發行日期：2022 年 04 月第一版
◎本書以 POD 印製